Donatien SEDE

Le Seigneur attend beaucoup de nous

Donatien SEDE

Le Seigneur attend beaucoup de nous

Comment comprendre et executer ma mission pour le Seigneur

Éditions Croix du Salut

Imprint

Cover image: www.ingimage.com

Publisher:
Éditions Croix du Salut
is a trademark of
Dodo Books Indian Ocean Ltd., member of the OmniScriptum S.R.L Publishing group
str. A.Russo 15, of. 61, Chisinau-2068, Republic of Moldova Europe
Printed at: see last page
ISBN: 978-620-3-84191-6

SEDE L. DONATIEN
LE SEIGNEUR ATTEND
BEAUCOUP DE NOUS
Comment comprendre et exécuter ma
mission pour le Seigneur ?

LE SEIGNEUR ATTEND BEAUCOUP DE NOUS

Comment comprendre et exécuter ma mission pour le Seigneur ?

Les passages bibliques utilisés dans ce texte sont tirés des versions Louis Segond et de la bible du Semeur (BDS)

SEDE Louis Donatien
Seoul, 12 Mai 2021

REMERCIEMENTS

Je rends grâce à mon Père, sa Majesté le Roi, mon Créateur qui m'a fait passer des ténèbres à la lumière. Que son Nom soit béni et que son règne vienne.

Il vient de me bénir avec un an de plus à la durée de ma vie sur terre et je voudrais Lui être reconnaissant en écrivant ces lignes.

Je bénis également le Seigneur pour la vie de ma fiancée Ange Yao, qui m'a encouragé à écrire ce texte. Que le Seigneur te bénisse.

A mon père M. SEDE Gaétan Clément et ma mère YORO Léonce, qui ont eu le privilège de m'engendrer ; eux qui ont motivé en moi tout ce que je suis aujourd'hui. Dieu vous bénisse.

A toute ma famille spirituelle (MPPM) sans exception et particulièrement à mon Père, l'Apôtre AMIEZI, l'un des plus grands mentors que Dieu a placé au-devant de moi. Dieu vous bénisse Serviteur de l'Eternel.

Au Prophète Israël et à la prophétesse Mémé Dorcas je fais un gros coucou

A vous,

Chers leaders, pasteurs, prophètes, diacres, anciens, responsables de jeunes, responsables de départements, responsables de femmes, responsables de familles, pères, mères, jeunes, vieux, riches ou pauvres, Christ nous appelle pour des œuvres plus grandes…

Aux enfants de l'Ecole du dimanche,

Je vous aime et vous me manquez tous…

J'espère que ces paroles pourront vous édifier et vous encourager dans votre adoration.

Dieu vous bénisse !

CONTENU

REMERCIEMENTS 3

CONTENU 4

INTRODUCTION 5

CHAPITRE 1 : L'INTENTION DU CREATEUR 7

A. L'intention originelle du Créateur 8

B. Conclusion partielle 13

CHAPITRE 2 : L'INTENTION DE JESUS 15

A. L'intention première de Jésus 16

Sel de la terre 17

Lumière du monde 19

B. L'intention finale de Jésus 20

CHAPITRE 3 : NOTRE MISSION, MULTIPLIER LES DISCIPLES PAR L'ENSEIGNEMENT 24

A. Notre attitude avec la parole 24

B. La qualité de la semence 31

C. Application de l'enseignement du royaume 38

CONCLUSION GENERALE : Mon mot à l'église de MPPM 42

La loi de l'amour : la règle du 1/99 43

La loi du service 45

INTRODUCTION

J'ai réalisé que j'ai une grande valise pleine de vêtements, mais il y en a beaucoup que je ne porte pas toujours. Même les vêtements du placard, beaucoup sont en train de chômer. J'ai plutôt tendance à préférer la plupart du temps, un petit nombre de vêtements que je mets et remets sans cesse. Certains d'entre vous ont certainement fait le même constat chez eux. Est-ce parce que vous et moi n'aimons pas tous les vêtements de notre valise? Non, pas vraiment, c'est de l'argent que nous avons utilisé pour les acheter tous, et donc nous les aimons assurément. Le problème est qu'il nous est difficile de nous concentrer sur tous les vêtements à la fois et planifier comment les porter de manière équitable sur une semaine, un mois ou un an et plus.

De même si vous observez tout type d'organisation, vous verrez que tous les membres n'ont pas le même rendement ou la même productivité. Il y a toujours un petit nombre qui pousse tout le reste du groupe. Même lors d'une réunion, vous remarquerez que ceux qui font les propositions pour faire avancer les décisions ne sont pas toujours les plus nombreux. Et cette distinction se fait naturellement comme certains vêtements de la valise, que vous préférez à d'autres.

Ainsi, vous trouverez pareillement dans l'église très peu de personnes, très peu de fidèles qui participent au progrès et à l'épanouissement de toute la communauté. Ces personnes, on les reconnait et on peut les compter du doigt. Certes, tous les membres sont importants et ont chacun leur utilité dans l'organisation mais quand il s'agit de faire progresser l'œuvre, tout comme les vêtements de la valise, seulement ***un petit noyau*** se qualifie. C'est pourquoi à la plupart des programmes, vous verrez les mêmes personnes participer ; sur une liste de cotisation également, vous observerez que ce sont les mêmes personnes qui ont toujours participé qui continuent de figurer, tout comme les vêtements de la valise. Cela est pareil pour le ministère d'évangélisation et pour ***la grande mission***. Même Jésus comprenant bien cette loi, pouvait dire en Matthieu 22 : 14 qu'il y a beaucoup d'appelés, mais peu d'élus. Autrement dit, dans la valise, beaucoup de vêtements sont appelés à être portés mais peu sont élus pour être finalement portés. Cependant rien ni personne n'est inutile. Dieu a tout fait pour un but et pour sa gloire.

Mon objectif au travers de ces lignes, n'est pas de vous amener à vous débarrasser des autres vêtements, des autres fidèles, des autres membres, ou encore moins à croire que vous ne pourrez jamais faire participer tout le monde efficacement à la croissance de l'église ou de l'organisation, non. C'est poussé par le Seigneur, que je viens partager avec sa famille, des principes de vie et d'organisation qui pourront certainement vous aidez à être plus efficace et surtout à rendre le cœur de Dieu plus joyeux, car c'est par Lui et pour Lui que nous vivons. Et **Il attend beaucoup de nous**. Vous apprendrez dans la suite, la différence entre les appelés et les élus, la différence entre la masse et le petit noyau, ensuite si vous n'en faites pas encore partie, vous apprendrez non seulement à faire partie du petit noyau qui fait progresser les choses dans votre entourage, mais vous apprendrez surtout comment amener les autres à intégrer le petit noyau.

Ce texte est destiné à tous les leaders, dirigeants et responsables en particulier mais aussi à toute personne qui veut grandir avec le Seigneur pour donner plus de sens à son existence et à celle des autres. Il est également destiné aux pères et mères de famille qui veulent plus de joie et de succès pour leurs maisons et dans la vie de leurs enfants. Comme le titre l'indique, ***le Seigneur attend beaucoup de nous***, tant dans l'église (au niveau de nos différents départements) que dans notre milieu de travail, mais encore plus dans nos familles, il veut que nous soyons efficaces et que nous ayons du succès pour glorifier son Nom. **Mais comment faire la joie de notre Maître, si nous ne savons pas ce qu'il attend réellement de nous ?** En parcourant ces lignes, je vous invite à découvrir quelques éléments de réponse à la question fondamentale de savoir ce que notre Dieu attend de nous. Sans prétendre avoir toute la connaissance sur ce sujet, je ne ferai qu'ouvrir un chemin à la réflexion pour que l'Esprit du Seigneur conduise tous ceux qui désirent le chercher en profondeur, de tout leur cœur, car il recherche des adorateurs qui l'adoreront en Esprit et en vérité.

CHAPITRE 1 : L'INTENTION DU CREATEUR

> *Mais l'heure vient, et elle est déjà là, où les vrais adorateurs adoreront le Père par l'Esprit et en vérité ; car le Père recherche des hommes qui l'adorent ainsi* (Jean 4 :23 BDS)

Ce passage de la bible est un passage qui m'a beaucoup fait réfléchir depuis plusieurs années et je continue d'y réfléchir parce que mon plus grand rêve c'est de faire plaisir à mon Créateur, de faire sa joie lorsqu'il me voit le servir sur terre. Et je crois que c'est aussi votre rêve.

En réalité, le premier pour qui ce rêve est plus fort, c'est Dieu lui-même d'abord. Dans ce passage, l'expression « le Père recherche des hommes », traduit combien de fois ce type d'hommes qui l'adorent en Eprit et vérité, ont une importance pour le Père. Pensez à la dernière fois que vous avez égaré quelque chose dans votre maison (soit votre téléphone ou une pièce d'argent tombée quelque part) ; nous recherchons quelque chose quand la chose existait déjà, mais qu'il ne nous est pas facile de retrouver et cela peut nous prendre souvent des heures, voire des jours. En d'autres mots, rechercher quelque chose qui nous coûte cher ou peu, demande des efforts et même des sacrifices. Plus l'objet qu'on recherche est important, plus le temps de recherche et le sacrifice à faire pour la recherche est grand. C'est pourquoi Il a envoyé son Fils Jésus mourir à la croix, pour nous racheter de nos péchés et nous réconcilier d'avec le père (Jean3 :16) afin que nous le servions à nouveau. Le Père est donc prêt à tout pour voir ses enfants l'adorer et faire ainsi tout son plaisir.

Cependant beaucoup ont mal compris ce que Dieu attend d'eux et même ceux qui prétendent avoir compris, ne font pas encore le plaisir de leur Créateur.

De ce fait, d'autres questions importantes se dégagent de ce même passage : quand il parle de ***vrais adorateurs***, cela voudrait-il dire qu'il y a aussi de ***faux adorateurs*** parmi nous ?

D'abord, pour répondre à ces questions, rappelons-nous que Jésus est venu sur terre des milliers d'années plus tard, pour accomplir et pour aider les hommes à accomplir le plan de Dieu qui avait échoué dans le jardin d'Eden avec Adam et Eve. Si nous volons apprendre à faire Sa volonté pour être ces adorateurs qu'Il recherche, retournons alors à l'intention première et fondamentale que Dieu avait en créant l'homme.

A. L'intention originelle du Créateur

Dieu créa l'homme à son image, il le créa à l'image de Dieu, il créa l'homme et la femme.
Dieu les bénit, et Dieu leur dit: Soyez féconds, multipliez, remplissez la terre, et l'assujettissez; et dominez sur les poissons de la mer, sur les oiseaux du ciel, et sur tout animal qui se meut sur la terre. (Genèse 1 : 27-28)

Nous pouvons voir ici clairement la pensée que Dieu avait en créant l'homme et la femme. Il voulait voir l'homme **dominer** sur toutes les ressources de la terre.

Aujourd'hui, comment l'homme domine-t-il par exemple sur les poissons et les oiseaux? L'homme ne peut pas vivre dans l'eau avec les poissons mais grâce aux bateaux il arrive à naviguer en pleine mer, sur le territoire des poissons ; il arrive même à voler plus haut que les oiseaux grâce aux avions et aux fusées.

Le 21 juillet 1969, lors de la mission spatiale Apollo 11, avec l'astronaute Neil Armstrong et son équipe, l'homme réalisait pour la première fois un exploit spectaculaire jamais imaginé. Il posait ses premiers pas sur la lune, hors du globe terrestre. Cette découverte a révolutionné l'histoire et la civilisation humaine. Ainsi, les différents satellites lancés dans l'espace ont contribué à développer les domaines des télécommunications, la géologie et la géodésie, la navigation et l'océanographie[1]. Si étant en Afrique ou en Asie aujourd'hui, nous pouvons téléphoner à nos connaissances jusqu'au bout du monde, c'est grâce aux découvertes spatiales. Si aujourd'hui les prévisions de la météo nous donnent de savoir quel type de vêtements mettre avant de sortir, s'il faut ou ne pas emporter le parapluie, tout cela est devenu possible grâce à toutes ces découvertes scientifiques.

Remarquez aussi qu'avant Apollo 11, aucun n'homme n'avait mis les pieds sur la lune. Neil Armstrong était donc plein d'enthousiasme mais il y avait certainement une peur cachée en lui qui le poussait à se demander s'il allait retourner vivant sur terre. Mais cela ne l'as pas empêché de faire son voyage. La leçon qu'on en tire c'est que **si vous n'avez jamais essayé quelque chose de nouveau, cela ne veut pas dire qu'elle n'existe pas ou que c'est impossible.**

---

[1] https://fr.unesco.org/courier/marzo-1970/aller-lune-quoi-ca-sert
[2] https://www.selsdefrance.org/histoires-de-sel/epoque-gallo-romaine/

L'évolution de l'homme

Les exploits que l'homme a faits dans le passé, démontrant ainsi son influence sur la création, ne peuvent se limiter qu'aux sciences technologiques ou aux découvertes spatiales. Lorsque Dieu dit à l'homme de dominer sur les ressources de la terre (poissons, oiseaux, reptiles, etc.), il voulait dire à l'homme d'utiliser son imagination et ses talents pour changer, transformer et influencer son environnement pour son propre bien, pour le bien de la communauté et pour la gloire de Dieu. Avant, les hommes primitifs se nourrissaient uniquement de plantes et de fruits car c'est ce que Dieu le Créateur avait prévu pour eux comme nourriture (Genèse 1 :29), mais après le déluge, à la sortie de l'arche, il est surprenant d'entendre ce que Dieu dit à Noé, les mêmes paroles qu'il a dites à Adam et Eve à la création, avec une légère différence :

> *Dieu bénit Noé et ses fils, et leur dit: Soyez féconds, multipliez, et remplissez la terre. Vous serez un sujet de crainte et d'effroi pour tout animal de la terre, pour tout oiseau du ciel, pour tout ce qui se meut sur la terre, et pour tous les poissons de la mer: ils sont livrés entre vos mains. Tout ce qui se meut et qui a vie vous servira de nourriture: je vous donne tout cela comme l'herbe verte. (Genèse 9 :1-3).*

Dans ce passage, en plus des plantes et des fruits, plusieurs centaines d'années après, Dieu ajoute les animaux au menu journalier de l'homme. N'est-ce pas intéressant ? L'homme pouvait désormais se régaler avec de la chaire. Cependant c'était à un prix car l'homme n'avait jamais appris à chasser et les animaux aussi tenaient à leurs vies. C'est ainsi qu'il devait imaginer les armes comme les lances. La bible cite en effet au chapitre 10 de Genèse, un des descendants de Noé, un vaillant chasseur du nom de Nimrod qui influença profondément son époque.

> *Cusch engendra aussi Nimrod; c'est lui qui commença à être puissant sur la terre. Il fut un vaillant chasseur devant l'Éternel; c'est pourquoi l'on dit: Comme Nimrod, vaillant chasseur devant l'Éternel. Il régna d'abord sur Babel, Érec, Accad et Calné, au pays de Schinear. (Genese 10 :8-10).*

Imaginez, ce que cela représente de tuer un éléphant pour nourrir tout un village. Attraper même un simple rat demande beaucoup de techniques auxquelles les premiers hommes ne furent pas préparés. Il a donc fallu apprendre et s'adapter. En plus, fabriquer les armes répondait aussi au besoin de défense et de protection contre les animaux féroces. Pour eux, il fallait se défendre et il fallait à la fois trouver d'autres sources de nourritures parce que les hommes devenaient de plus en plus nombreux; les plantes et les fruits des arbres ne pouvaient donc plus suffire à leurs besoins. Sans oublier qu'ils utilisaient la peau des animaux pour se vêtir. La chasse était donc incontournable, s'ils voulaient vivre.

Toute évolution dans la vie demande de la créativité. Tout progrès, tout changement demande un dépassement des anciennes normes et de l'imagination de choses nouvelles.

Par ailleurs, Dieu ne peut pas tout faire sur la terre car il a confié le gouvernement et la gestion de la terre a l'homme. Et même quand il veut intervenir sur terre il cherche des hommes disposés. Avant que Dieu ne crée l'homme, la bible dit que les plantes ne pouvaient germer encore, parce qu'il n'y avait personne pour les cultiver.

> *Lorsque l'Éternel Dieu fit une terre et des cieux, aucun arbuste des champs n'était encore sur la terre, et aucune herbe des champs ne germait encore: car l'Éternel Dieu n'avait pas fait pleuvoir sur la terre, et il n'y avait point d'homme pour cultiver le sol. (Genèse 2 :5)*

La pluie, le sol était la responsabilité de Dieu mais « cultiver », « entretenir » le sol et développer l'agriculture était la responsabilité de l'homme. Dieu ne changera jamais de rôle. Il reste le même hier, aujourd'hui et éternellement (Hébreux 13:8 ; Esaïe 40:8). Dieu a toujours fixé les responsabilités dans sa relation entre l'homme et Lui, et il ne les violera jamais parce qu'il sait ce qu'il a mis en l'homme comme capacités. En effet, Dieu n'a jamais donné de chaise à un homme. Il a fait juste des arbres et il a trouvé que ce qu'il a mis en l'homme était suffisant pour imaginer tout ce qu'il veut : chaises, tables meubles sans oubliez toutes ces œuvres merveilleuses que l'homme réalise avec le bois. En d'autres mots, **Dieu donne toujours la matière première, mais le produit fini, c'est la responsabilité de l'homme**. Beaucoup de personne échouent parce qu'elles pensent que Dieu va fournir à la fois la matière première et le produit fini. C'est une grave erreur. C'est pourquoi il y a des prières que Dieu n'exhausse pas (il n'y prête même pas attention) parce qu'il estime que ce n'est pas de sa responsabilité. Souvenez-vous que c'est un Dieu d'ordre. La plupart des gens échouent parce qu'ils ne connaissent pas leurs responsabilités et n'apprennent pas à étudier le potentiel et les capacités que Dieu a mis en eux.

Dieu aime voir ses enfants utiliser tout ce qu'Il a mis en eux (potentiel, capacité, imagination) pour transformer, changer et influencer leur environnement, telles les découvertes spatiales influencent notre civilisation aujourd'hui. Et Dieu a mis ces capacités en tous ses enfants.

Avant l'invention des outils de chasse, l'homme était incapable de faire face aux animaux, il avait des difficultés à se vêtir car il n'avait pas encore percé les mystères de la couture de vêtement en peau d'animaux. Pareillement, avant les découvertes spatiales, l'homme était incapable de téléphoner, de naviguer à certains endroits de l'océan, de prévoir la météo, incapable de faire beaucoup de choses (sans même parler de l'internet). Voyager en avion ou même en train, toutes ces choses sont nées avec un besoin de progrès et de changement. Mais ces évolutions dans l'histoire de l'être humain ont été possibles seulement quand certains hommes ont décidé de prendre leurs responsabilités, de découvrir et d'utiliser les capacités que Dieu a mises en eux. Ils n'ont fait qu'obéir à un commandement divin (les commandements ne commencent pas avec les lois de Moise). Ils ont accepté d'utiliser les ressources à leur disposition pour transformer, changer, dominer et influencer leur environnement et le cours de notre société. Ils ont rendu l'impossible possible. Cette capacité à emmener à l'existence les choses qui n'existaient pas ou à rendre possibles les choses dont l'homme était incapable, est un des caractères que nous avons tous hérité de notre Père, le Créateur.

> *Je t'ai établi père d'un grand nombre de nations. Il est notre père devant celui auquel il a cru, Dieu, qui donne la vie aux morts, et qui appelle les choses qui ne sont point comme si elles étaient. (Romains 4 :17)*

Ainsi, pour tout ce qui doit être amélioré, développé sur cette terre, que ce soit dans une maison, dans une famille, dans une église, dans une entreprise, dans un village, dans une communauté, dans une ville, ou dans une nation ; dans tous les domaines et dans toutes les sphères de la société, Dieu en a confié la responsabilité à l'homme, sa créature. Dieu a confié aux hommes la responsabilité de faire changer les choses parce qu'il sait qu'il a mis en eux les capacités pour le faire. Et quand la bible dit que

> *Dieu créa l'homme à son image, il le créa à l'image de Dieu, il créa l'homme et la femme.*

> *Dieu les bénit, et Dieu leur dit: Soyez féconds, multipliez, remplissez la terre, et l'assujettissez; et dominez sur les poissons de la mer, sur les oiseaux du ciel, et sur tout animal qui se meut sur la terre, (Genèse 1 : 27-28)*

la pensée de Dieu était que l'homme domine sur toutes les ressources de la terre, qu'il influence l'environnement dans lequel il est placé et qu'il fasse changer les temps, les choses et les circonstances pour le bien de la communauté, de tous et de tout ce qui se trouve dans cet environnement.

Avec tous ces cas que nous avons cités plus haut (Armstrong, Nimrod) et bien d'autres encore (la liste est longue), comment l'homme arrive-t-il à opérer un changement dans un environnement donné, et d'où nous vient tout ce potentiel ? Comment cela est-il possible ? Tout cela est possible grâce au génie humain, à la créativité de l'homme, parce que nous avons été faits à l'image du Dieu omnipotent (qui possède en lui toute sorte de potentiel). C'est pourquoi le prophète Daniel pouvait dire de notre créateur que :

> *C'est lui qui change les temps et les circonstances, qui renverse et qui établit les rois, qui donne la sagesse aux sages et la science à ceux qui ont de l'intelligence. (Daniel 2 :21)*

Tel il est normal et évident pour un enfant qui nait, de ressembler trait pour trait (physique et caractère) à son père et sa mère, tel Dieu sait ce dont nous avons hérité de Lui en tant que Père. Nous avons les traits de notre Père, de grandes capacités, c'est pourquoi il nous demande de manifester réellement son image là où nous sommes maintenant. Et pourquoi nous donne-t-il ce commandement premier qui est de dominer et d'influencer avec et sur toutes ressources de la terre ? C'est parce que c'est ainsi que son Nom sera honoré, c'est cela son plus grand plaisir.

Et il n'y a pas de plus grand plaisir pour un père de voir son fils exceller dans les domaines où il a reçu un plein potentiel. C'est ainsi que le cœur de Dieu est plein de joie quand il voit ses enfants faire ce pourquoi il les a mis sur la terre.

B. Conclusion partielle

Concluons cette partie en revenant à nos questions sur ce que Jésus voulait dire par *l'heure vient où les vrais adorateurs adoreront le Père par l'Esprit et en vérité.*

1. Les ***faux adorateurs*** ne savent pas qu'ils sont des enfants légitimes et qu'ils viennent d'un Père.
Les ***vrais adorateurs*** reconnaissent qu'ils ont été engendrés à son image et à sa ressemblance.
Il n'y a pas de différence entre un orphelin de père et un enfant qui n'a jamais connu son père qui vit quelque part ailleurs.

2. Les ***faux adorateurs*** ne connaissent pas les caractères et les caractéristiques de leur Père et donc ne cherchent pas à Lui ressembler.
Les ***vrais adorateurs*** apprennent à connaitre les caractères et les caractéristiques de leur Père et ils cherchent à Lui ressembler (Ils aiment quand on leur dit « tel Père, tel fils »).

3. Les ***faux adorateurs*** ne connaissent pas les biens et les propriétés de leur Père. Aussi, ils ne peuvent pas à en prendre soin.
Les ***vrais adorateurs*** connaissent tous les biens et les propriétés de leur Père et cela leur coûte également cher parce que c'est leur héritage.

4. Les ***faux adorateurs*** ne savent pas que l'environnement où ils se trouvent est une des propriétés de leur Père, et qu'il les appelle à en prendre soin.
Les ***vrais adorateurs*** savent très bien reconnaitre les biens de leur Père partout où ils se trouvent et ils en prennent soin.

5. Les ***faux adorateurs*** ne connaissent pas les capacités et les ressources dont ils disposent.
Les ***vrais adorateurs*** connaissent bien leurs capacités et ils savent bien utiliser leurs ressources.

6. Les ***faux adorateurs*** ne sont pas créatifs, ils aiment quand les choses sont toujours à la même place.
Les ***vrais adorateurs*** utilisent beaucoup leur imagination et l'intelligence que le Père leur a données pour faire changer les choses, comme leur Créateur.

7. Les ***faux adorateurs*** ne cherchent pas à dominer, à influencer, à améliorer, à multiplier et à remplir l'environnement où ils sont. Ils ne font rien progresser.
Les ***vrais adorateurs*** dominent, influencent, améliorent, multiplient et remplissent l'environnement où ils sont : ils font toujours tout progresser.

8. Les ***faux adorateurs*** ne font pas la joie de leur Père.
Les ***vrais adorateurs*** cherchent toujours à faire plaisir à leur Père. Plus le Père est dans la joie et plus ils continuent à mieux faire ce qu'ils faisaient bien.

Adorer par l'Esprit signifie que, toutes ces choses, les ***vrais adorateurs*** les font parce qu'ils sont motivés par *l'intention originelle du Créateur* qui est de dominer et d'influencer la terre. Ils en sont bien conscients, c'est leur vérité.

CHAPITRE 2 : L'INTENTION DE JESUS

Plus haut, nous avons vu que Jésus est venu sur terre pour accomplir et pour aider l'homme à accomplir le plan de Dieu qui avait été manqué dans le jardin par Adam et Eve. Dieu voulait en effet, une race de personnes qui allait faire tout son plaisir sur toute la terre. Toute sa vie, Jésus a vécu comme un ***vrai adorateur***, il faisait la joie du Père. Son but était de montrer aux hommes le modèle à suivre pour plaire au Père. Et puisque tout enfant doit plaire à son père depuis sa naissance, Jésus a montré ce modèle dès son plus jeune âge.

> *Quand ses parents le virent, ils furent saisis d'étonnement, et sa mère lui dit: Mon enfant, pourquoi as-tu agi de la sorte avec nous? Voici, ton père et moi, nous te cherchions avec angoisse. Il leur dit: Pourquoi me cherchiez-vous? Ne saviez-vous pas qu'il faut que je m'occupe des affaires de mon Père? Mais ils ne comprirent pas ce qu'il leur disait. (Luc 2 :48-50)*

Réfléchissez pendant une minute à la réponse que Jésus donna à ses parents qui le cherchaient depuis 3 jours. Le verset 50 du chapitre 2 de Luc révèle que personne ne comprenait de quoi il parlait. Son père le cherchait depuis 3 jours et Il lui répond qu'il était occupé à faire le travail de son Père. A quel père faisait-il allusion ? Jésus savait très bien à l'image de qui Il avait été créé et Il avait à peine douze ans (les ***vrais adorateurs*** connaissent leur Père). Et tout ce que Jésus faisait était avant tout pour la joie de Dieu, qui Lui-même n'a pas manqué de le mentionner à plusieurs reprises. Jésus travaillait depuis longtemps pour le plaisir de son Père mais le Père l'a reconnu ouvertement pour la première fois dans la bible lorsqu'il s'est fait baptisé par Jean, au début de son ministère à l'âge adulte (autour de trente ans).

> *Et le Saint Esprit descendit sur lui sous une forme corporelle, comme une colombe. Et une voix fit entendre du ciel ces paroles: Tu es mon Fils bien-aimé; en toi j'ai mis toute mon affection. (Luc 3 :22)*

Et c'est la même parole qui est déclarée sur nous lorsque nous faisons alliance avec Dieu pour la première fois par le baptême. Dieu nous aime et il prêt à tout pour soutenir cette relation.

Pour insister sur le fait que les hommes devaient suivre le modèle de Jésus, Dieu le Père, n'a pas cessé de le reconnaitre comme le bon fils, même au milieu de ses disciples qui étaient pourtant bien sensés le savoir.

> *Comme il parlait encore, une nuée lumineuse les couvrit. Et voici, une voix fit entendre de la nuée ces paroles: Celui-ci est mon Fils bien-aimé, en qui j'ai mis toute mon affection:* ***écoutez-le****! (Matthieu 17 :5)*

Cette fois (lors de la transfiguration), Jésus était en plein dans son ministère en train d'accomplir ce pourquoi il est venu sur terre et Il a sélectionné des hommes qu'il plaça près de Lui et à qui il voulait confier de poursuivre et d'achever l'œuvre qu'il avait commencé et à faire ainsi le plaisir de son Père. Ces hommes qu'il avait choisis étaient ses disciples. Le mot disciple veut dire élève, quelqu'un qui apprend auprès d'un maitre (nous en parlerons au Chapitre2-B).

A. L'intention première de Jésus

Comprendre l'intention première de Jésus nous amène à analyser le début de son ministère. Dans l'Évangile selon Matthieu, au chapitre 4, Jésus sélectionne ses premiers étudiants et dès le chapitre 5, Il leur donne non seulement leur identité mais Il leur montre aussi la mission et le but qu'ils auront à poursuivre.

> *Vous êtes le sel de la terre. Mais si le sel perd sa saveur, avec quoi la lui rendra-t-on? Il ne sert plus qu'à être jeté dehors, et foulé aux pieds par les hommes. Vous êtes la lumière du monde. Une ville située sur une montagne ne peut être cachée; et on n'allume pas une lampe pour la mettre sous le boisseau, mais on la met sur le chandelier, et elle éclaire tous ceux qui sont dans la maison. Que votre lumière luise ainsi devant les hommes, afin qu'ils voient vos bonnes œuvres, et qu'ils glorifient votre Père qui est dans les cieux. (Matthieu 5 :13-16)*

Pour reprendre ce passage, Jésus voulait dire à ses disciples que le but de leur vie devrait être de glorifier le Père au milieu des hommes, d'être ces ***vrais adorateurs*** que le Père recherche, ceux qui font sa joie. Pour ce faire, Il commence par leur donner leur identité.

L'identité d'un homme est ce qui le définit, c'est ce par quoi on reconnait sa citoyenneté, son appartenance à une communauté et à une famille. En outre, si vous n'avez pas votre passeport dans un pays étranger, vous être considéré comme un « sans-papier », en situation d'irrégularité. Même dans votre pays, votre pièce d'identité est un document très important. Pour ceux qui travaillent, dans certaines entreprises, il est exigé à tout le personnel d'avoir un badge, qui renseigne non seulement le nom mais aussi la fonction du travailleur, afin que même un visiteur sache ce que ce dernier joue comme rôle là où il se trouve. C'est pourquoi, quand on pose la question « qui êtes-vous ?», beaucoup répondent par ce qu'ils font dans la vie (« je suis pasteur, étudiant, professeur, banquier, secrétaire, commerçant, ménagère, chauffeur, etc. »). Nous nous identifions à notre travail. Mais notre identité est plus large que cela.

Le passage que nous venons de lire renseigne l'identité et la fonction des disciples de Jésus. Il leur dit ce qu'ils sont et ce qu'ils sont appelés à faire: « vous êtes ***le sel de la terre***..., vous êtes ***la lumière du monde*** ». Je crois que si vous et moi, devions nous présenter devant le Seigneur maintenant il nous appellerait aussi ***sel de la terre et lumière du monde.*** En effet, c'est notre identité.

Etudions maintenant ensemble pourquoi Jésus choisi ces deux mots précisément pour décrire l'identité de ses disciples.

Sel de la terre

Le Sel est un ingrédient beaucoup utilisé aujourd'hui en cuisine. Cependant son usage est plus large que ce que nous en faisons au quotidien. Dans plusieurs cultures comme en Egypte ou en Inde, le sel était utilisé pour des sortilèges et des prières religieuses. Certains l'utilisent pour se protéger contre les mauvais esprits.

D'autres parts, le sel n'a pas toujours été accessible à tous comme il l'est aujourd'hui. A l'époque, seules des personnes avec un revenu élevé pouvaient s'en procurer. En effet, le sel était une denrée rare car l'homme n'avait pas encore développé ces grandes techniques rapides, que l'on applique aujourd'hui pour recueillir le sel de la mer. Les romains font partie des premiers à développer les premières techniques de productions de sel à partir des salines.

De plus, le sel n'était pas seulement utilisé pour la cuisine. Avant la connaissance des techniques modernes de conservation, et avant l'invention des réfrigérateurs et congélateurs, il était également utilisé pour conserver les aliments. Les romains, comme beaucoup d'autres peuples, utilisaient le sel pour converser la viande, les coquillages et les légumes, etc. Vous pouvez imaginer qu'à l'époque, si vous manquiez de sel, vous étiez condamné à regarder vos aliments pourrir et donc à les jeter.

Par ailleurs, le contrôle des romains sur l'approvisionnement en sel jusqu'au XVIIIe siècle, était pour eux un des moyens d'étendre leur influence économique et militaire. En effet, Rome avait le monopole de la production et la distribution de sel. Ils payaient même leurs soldats avec des rations de sel appelées *salarium*, c'est ce qui donna naissance au mot « salaire »[2].

Jésus était de l'époque de l'influence romaine et ses disciples comprenaient bien l'image que le sel devait représenter pour eux. Premièrement, quand Jésus dit que vous êtes ***le sel de la terre***, il veut dire que «sans vous le monde pourrit » ; lorsque nous ne jouons pas notre rôle, la terre est dans le chaos. En d'autre mots, lorsque vous ne jouez pas votre rôle dans votre maison, votre famille, votre église, ou dans votre entreprise, il y a du désordre. Lorsque vous ne faites pas ce que Dieu attend de vous là où il vous place, rien de bon ne peut se produire. Alors, Il est déshonoré. Et quand les aliments pourrissaient faute de sel, tout ce qui restait à faire c'était de les jeter. C'est pourquoi Jésus s'est demandé, que faire « si le sel perd sa saveur »?

Deuxièmement, le sel utilisé en cuisine est un élément important et s'il était utilisé comme moyen d'influence économique, cela montre combien le sel était incontournable, jusqu'aujourd'hui. Lorsque dans votre communauté, dans votre famille, dans votre village, dans votre église, dans votre service, vous êtes absent quelque jour et que personne ne le remarque cela signifie que vous n'êtes pas encore « le sel » dans cet environnement. Lorsqu'il manque du sel à la sauce, on sait directement qu'il y a quelque chose d'important qui fait défaut. Et il ne s'agit pas seulement de votre absence mais aussi de notre présence. Lorsque malgré votre présence, rien de particulier ne se produit, cela montre que « le sel » ne joue pas encore son rôle.

Cependant, il faut remarquer que le sel peut perdre sa saveur. A quel moment le sel dans la sauce commence a perdre de son goût ? Par exemple lorsque d'autres ingrédients sont plus abondants, ou lorsqu'on y ajoute beaucoup d'eau. Et cela peut être caractérisé par tout ce qui nous entoure comme les difficultés de la vie, les plaisirs du monde, les distractions et les séductions de la télévision et de nos amis, etc. Quand toutes ces choses nous dominent, quand les inquiétudes, les soucis de la vie et les plaisirs du monde occupent plus de place dans nos cœurs que la parole de Dieu ; ce sont ces nombreux ingrédients et l'eau ajoutée en

---

[2] https://www.selsdefrance.org/histoires-de-sel/epoque-gallo-romaine/

surplus qui viennent faire disparaitre le goût du sel à la délicieuse sauce de notre vie. **Lorsque le sel perd sa saveur…**

Lorsque dans une maison, les enfants n'obéissent plus aux parents, ou qu'entre l'homme et la femme, les choses ne vont plus, c'est un signe que le sel est en train de perdre de sa saveur. Lorsque dans votre service, les choses ne fonctionnent plus comme il se doit, c'est un signe que le sel perd de sa saveur. Lorsque dans un groupe ou dans une église le nombre de membres diminue ou bien est stagnant au lieu de croître, et lorsque beaucoup passent leur temps à se plaindre, au lieu de s'épanouir, c'est un signe que le sel est en train de perdre de sa saveur. Souvenez-vous que lorsque les aliments pourrissent, les mauvaises odeurs qui se dégagent sont un signe que quelque chose ne va pas.

Mais au contraire, quand dans la maison, dans la famille, dans l'église, dans la société et dans la nation chacun est à son poste, en train de faire ce à quoi il est appelé, l'ordre règne, la vie retrouve son goût et Dieu est glorifié.

Le sel doit redonner de sa saveur. Mais avec quoi la lui rendra-t-on ?

Lumière du monde

«…Une ville située sur une montagne ne peut être cachée; et on n'allume pas une lampe pour la mettre sous le boisseau, mais on la met sur le chandelier, et elle éclaire tous ceux qui sont dans la maison… »

Au temps de Jésus, les hommes n'utilisaient pas encore d'ampoule électrique. Le chandelier était un support destiné à recevoir des chandelles, des cierges ou des bougies. Le chandelier permet de mettre en évidence dans une pièce, la lampe pour que sa lumière éclaire tous les angles de la pièce. Et même dans notre culture un peu plus ressente, la lampe à mèche, à essence, on ne la plaçait pas en dessous de la table, mais plutôt au-dessus, à un bon endroit qui puisse lui permette d'éclairer tous les angles. C'est ce rôle d'éclaireur que Jésus a assigné à tous ses disciples. Remarquez que lorsque l'essence dans la lampe est presque finie, on court chercher du pétrole, ou que lorsque l'ampoule ne fonctionne plus tout le monde est dans l'obscurité et personne ne peut vaquer à ses occupations comme il se doit.

Dans l'obscurité, plus rien ne peut progresser, tout le monde est frustré (voir Jean11:9-10). Personne n'aime le noir, le noir est la couleur de deuil dans plusieurs cultures, le noir représente ce qui est mal. C'est pourquoi on peut dire de quelqu'un qui n'a aucun sentiment pour les autres, que « son cœur est noir ».

En d'autres termes, cela veut dire qu'il y manque de lumière en lui. Ainsi, Jean pouvait dire que « *celui qui aime son frère demeure dans la lumière, et aucune occasion de chute n'est en lui* » (1Jean 2 :8-11) « *car le produit de la lumière c'est tout ce qui est bon, juste et vrai* » (Ephésiens 5 :9 Le Semeur).

Vous êtes la lumière et on reconnait la lumière en vous, lorsque vous communiquez la vie, l'amour, la joie et la paix autour de vous. Vous ne pouvez pas être dans un environnement et cohabiter avec la tristesse, la haine. C'est que soit vous n'est pas lumière ou que vous êtes juste éteint. Rallumez-vous.

Pour ainsi dire, votre rôle est d'influencer l'environnement autour de vous et même de changer la vie des hommes afin qu'ils connaissent Dieu. De même que l'on voit plus facilement à la lumière, vous devez ouvrir leurs yeux des hommes *« pour qu'ils passent des ténèbres à la lumière et de la puissance de Satan à Dieu… »* (Voir Actes 26 :28)

Lorsque votre lumière brille le Père est glorifié, mais lorsque vous éteignez la lumière en vous, vous participez à étendre le règne de Satan (voir Ephésiens 5 :11), parce qu'en l'absence de lumière, les ténèbres règnent.

L'intention première de Jésus pour tous ses disciples, c'est qu'ils soient sel de la terre et lumière du monde.

B. L'intention finale de Jésus

Le Seigneur attend beaucoup de nous et son intention finale, celle qu'il a communiquée à ses disciples, juste avant de monter au ciel, est ce que les théologiens appellent ***la grande mission.***

> *Allez, faites de toutes les nations des disciples, les baptisant au nom du Père, du Fils et du Saint Esprit, et enseignez-leur à observer tout ce que je vous ai prescrit. Et voici, je suis avec vous tous les jours, jusqu'à la fin du monde. (Matthieu28 :19-20)*

En effet, il s'agit d'une grande mission, peut-être plus grande que la mission Apollo 11 de Neil Armstrong.

Cependant, beaucoup de religieux de notre ère ont compris la grande mission comme étant : « Allez, baptisez les au Nom du Père, du Fils et du Saint Esprit ». C'est pourquoi la plupart des communautés chrétiennes recherchent des fidèles, qu'ils baptisent dans leurs églises, ils en font des membres et plusieurs s'arrêtent

à ce niveau, croyant que le but a été atteint. Non, relisons ensemble la dernière recommandation de Jésus en Matthieu 28 :19-20 et nous étudierons chacun des mots de ce passage.
D'abord, il dit : « Allez, faites de toutes les nations des disciples ». Il montre ici le but à atteindre, ensuite il explique le processus à suivre pour faire des **disciples** :

Etape 1 : Les baptisant au Nom du Père du Fils et du Saint Esprit ;

Etape 2 : Leur enseignant à observer ce que Jésus a prescrit Lui-même, étant sur terre.

Ces deux étapes constituent le processus, mais le but c'est ***devenir disciple et de faire des disciples***. Cependant, beaucoup s'arrêtent au premier niveau.

Pourquoi commencer par le baptême ? Parce que c'est ce qui nous réconcilie d'avec Dieu, c'est ce qui nous fait débuter notre relation avec le Père, c'est là que Jésus nous donne notre nouveau nom, parce qu'on vient de naitre dans sa famille. Apres l'acte du baptême, on nous appelle des « chrétiens ». Mais notez bien, Jésus n'a pas dit : « faites de toutes les nations des **chrétiens** », il a dit : « allez, faites de toutes les nations des **disciples** ». D'ailleurs, Jésus n'a jamais prononcé le mot « chrétien », ce mot n'existe pas dans les Evangiles (selon Matthieu, Marc, Luc et Jean), ce mot est plutôt apparu après son départ, lorsque les apôtres ont pris la relève. Par contre, vous trouverez plusieurs fois qu'il parlait de « disciple ». Etre chrétien c'est bien, mais après avoir été déclaré chrétien (par le baptême), il faut passer à la deuxième étape qui est d'être enseigné sur ce que Jésus a prescrit.

Pourquoi cette deuxième étape est-elle encore plus importante ? Rappelez-vous le premier sens du mot disciple, c'est « élève », celui qui apprend auprès d'un maitre. Ainsi, vous remarquerez que même dans l'antiquité, les philosophes comme Socrate ou Platon avaient des disciples qui ont appris leurs manières de penser et ont transmis leurs savoirs à plusieurs générations après eux. Le fruit de leur travaux est ce que nous avons adopté dans la plus part de nos systèmes académiques. En effet, le raisonnement dialectique, la logique (Socrate), la société idéale (Platon), la biologie et la zoologie (Aristote), les mathématiques, etc., plusieurs autres sciences et disciplines sont le résultat de leurs travaux de réflexion. De plus, aujourd'hui ce terme « disciple » est beaucoup utilisé dans le domaine des arts martiaux où tous ceux qui apprennent auprès d'un maitre de Karaté, de Kung Fu, de Judo ou Taekwondo par exemples sont également appelés des disciples. Ce n'est pas du tout un terme religieux.

Autrement dit, devenir disciple de Jésus demande de se faire enrôler ou inscrire à l'école de Jésus pour apprendre ses leçons et ses pensées. Toutefois, comme un élève ne passe pas un an seulement à l'école pour être diplômé, devenir disciple demande un long processus d'enseignement et d'apprentissage. Il faut pouvoir assimiler et pratiquer un certain nombre de disciplines à l'école de Jésus pour être qualifié de disciple. Par ailleurs, il faut de la soumission à tout élève, pour apprendre et grandir auprès d'un maitre. Enfin, comme tout apprentissage est soldé par des tests, le maitre nous fait passer par des épreuves, des tests pour vérifier si les connaissances sont acquises. Seuls les admis aux tests (les disciples) reçoivent le diplôme. Et jésus n'a pas honte de faire redoubler les classes à ses élèves incompétents. Tous ceux qui veulent échapper à ce processus demeurent des chrétiens improductifs.

Pourquoi faut-il quitter l'étape du simple chrétien baptisé pour devenir disciple ? La réponse se trouve dans le verbe « **allez** » du même passage : « **Allez**, faites de faites de toutes les nations des disciples ». Parce que l'école de Jésus est une école où ton travail est déjà prêt dès que tu reçois ton diplôme (on ne chôme pas quand on sort de l'école de Jésus) et le travail en question, une fois le diplôme de disciple acquis, c'est d' « **aller** », pour toi aussi faire d'autres disciples pour qu'ils reçoivent à leur tour leur diplôme. Je répète, le verbe « **allez** », dans ce passage est un mot très important à souligner, c'est un verbe d'action. En effet, le travail de Jésus est tellement important (la grande mission), qu'Il ne peut pas se permettre d'envoyer n'importe qui gagner les nations. C'est pourquoi valider le diplôme est impératif. Si beaucoup de chrétiens ne « vont » pour faire d'autres disciples (dans leur maison, dans leur famille, dans leurs entreprises, dans leurs communautés, dans leur voisinage, etc.), c'est parce qu'ils n'ont pas encore le diplôme, ou en réalité ils ne sont pas encore eux-mêmes devenus des disciples. D'autres se sont faits inscrire à l'école de Jésus (par le baptême) mais ils sèchent les cours, ils n'apprennent pas les leçons de Jésus. Ceux-ci ne seront jamais près pour le test ni pour la grande mission. Cela dit, si vous lisez ce livre et que vous n'êtes pas encore baptisé au Nom du Père, du Fils et du Saint Esprit, je vous invite à le faire maintenant parce que vous n'avez pas encore payé les frais d'inscription ; vous pouvez être renvoyé(e) à tout moment de l'école de Jésus.

Par ailleurs, Jésus n'a pas dit : « faites de tout le quartier des disciples », il a dit : faites de **toutes les nations** des disciples ». Cela signifie que les disciples doivent devenir de plus en plus nombreux. C'est pourquoi dans la première partie nous avons parlé de l'intention du Créateur en Genèse 1:28 : « soyez féconds, multipliez… ». En d'autres mots, c'est notre capacité à multiplier les disciples, qui nous qualifie devant Dieu.

> *Si vous produisez du fruit en abondance et que vous prouvez ainsi que vous êtes vraiment mes disciples, mon Père sera glorifié aux yeux de tous. (Jean 15 :8 BDS)*

Nous prouvons à Jésus que nous sommes réellement ses disciples, lorsque nous multiplions au maximum, lorsque nous transformons le plus d'hommes en disciples dans toutes les nations, lorsque les nouveaux inscrits (les chrétiens) reçoivent leurs diplômes. Cela signifie que même si vous avez un pays, une ville ou une église remplie de chrétiens qui ne sont pas encore devenus disciples, vous n'avez pas encore touché le cœur de Dieu. Parce que ces chrétiens ne pourront jamais produire d'autres disciples même dans leur propre maison avant de parler de la nation. Le terme « **nation** » fait allusion ici à toutes les sphères de la société où les hommes sont organisées en groupe, en commençant par la famille, jusqu'au pays dans son ensemble, en passant par les petites communautés de villages, de régions, les quartiers, les villes, les églises, les associations sociales ou culturelles et les entreprises (grandes comme petites). Dans toutes ces sphères Jésus veut des disciples.

Conclusion partielle

Jésus veut vous confier la responsabilité d'achever sur terre, l'œuvre qu'il a commencé. Au travers de vous, Il veut toucher le maximum de vies. C'est pourquoi Il vous appelle à être le sel qui redonne à son environnement (maison, famille, village, église, entreprise, pays, etc.) le goût qu'il est en train de perdre ou qu'il n'a jamais eu depuis des années.

Il veut que vous brilliez dans votre génération et dans votre entourage en commençant par votre famille et votre église, mais la lumière doit commencer par s'allumer en vous avant d'atteindre qui que ce soit. Si vous restez chrétien vous ne pourrez pas briller, et vous ne pourrez jamais gagner les nations à Jésus. Devenez disciple.

CHAPITRE 3 : NOTRE MISSION, MULTIPLIER LES DISCIPLES PAR L'ENSEIGNEMENT

Nous venons de voir dans les chapitres précédents que Dieu veut que nous soyons des disciples pour produire d'autres disciples dans toutes les nations (voir Matthieu28 :19-20), ce que nous avons appelé ***la multiplication*** (voir Genèse 1 : 28). Jésus n'avait jamais parlé de chrétiens mais pourquoi est-ce qu'il y a plus de chrétiens que de disciples de Jésus ? Pourquoi est-il difficile de multiplier les disciples ? Et enfin, pourquoi la multiplication des disciples est-elle si importante pour le Seigneur ? En répondant à ces questions nous comprendrons ce que le Seigneur réellement attend de nous.

A. Notre attitude avec la parole

Pourquoi y a-t-il plus de chrétiens que de disciples de Jésus ?

Rappelez-vous que les disciples sont les élèves de Jésus ou les chrétiens qui ont validé leur diplôme, ce sont ceux-là qui sont préparés et toujours équipés pour la grande mission, qui est d'aller et de gagner les nations (toutes les sphères de la société humaine). Les disciples ne sont pas nombreux, dans un premier temps, parce que les élèves inscrits à l'école de Jésus (les chrétiens une fois baptisés) ne cherchent pas à comprendre la pensée du maitre, beaucoup de ceux qui fréquentent les églises ne Le connaissent même pas. Par conséquent ils ne sont pas qualifiés. Vous trouverez peut-être cela paradoxal. Comment des chrétiens qui fréquentent pour la plupart des églises depuis des années ne connaissent le fond de la pensée de Jésus ? En effet, beaucoup de chrétiens sont dans les églises sans savoir ce qui est prioritaire pour Jésus. Ils sont concentrés sur les choses secondaires et ne comprennent pas la parole de Jésus. Alors, comme des élèves distraits en classe et ils ratent l'essentiel de la pensée de Jésus.

Un jour pour leur faire comprendre pourquoi beaucoup ne reçoivent pas leur diplôme de l'école de Jésus, Jésus allait enseigner à ses disciples comment ceux qui écoutent ses enseignements arrivent à manquer l'essentiel de son message :

La parabole du semeur (Matthieu 13 :2-16)

Une grande foule s'étant assemblée auprès de lui, il monta dans une barque, et il s'assit. Toute la foule se tenait sur le rivage. Il leur parla en paraboles sur beaucoup de choses, et il dit: Un semeur sortit pour semer. Comme il semait, une partie de la semence tomba le long du chemin: les oiseaux vinrent, et la mangèrent. Une autre partie tomba dans les endroits pierreux, où elle n'avait pas beaucoup de terre: elle leva aussitôt, parce qu'elle ne trouva pas un sol profond; mais, quand le soleil parut, elle fut brûlée et sécha, faute de racines. Une autre partie tomba parmi les épines: les épines montèrent, et l'étouffèrent. Une autre partie tomba dans la bonne terre: elle donna du fruit, un grain cent, un autre soixante, un autre trente. Que celui qui a des oreilles pour entendre entende. Les disciples s'approchèrent, et lui dirent: Pourquoi leur parles-tu en paraboles? Jésus leur répondit: Parce qu'il vous a été donné de connaître les mystères du royaume des cieux, et que cela ne leur a pas été donné. Car on donnera à celui qui a, et il sera dans l'abondance, mais à celui qui n'a pas on ôtera même ce qu'il a. C'est pourquoi je leur parle en paraboles, parce qu'en voyant ils ne voient point, et qu'en entendant ils n'entendent ni ne comprennent. Et pour eux s'accomplit cette prophétie d'Ésaïe: Vous entendrez de vos oreilles, et vous ne comprendrez point; Vous regarderez de vos yeux, et vous ne verrez point. Car le cœur de ce peuple est devenu insensible; Ils ont endurci leurs oreilles, et ils ont fermé leurs yeux, De peur qu'ils ne voient de leurs yeux, qu'ils n'entendent de leurs oreilles, Qu'ils ne comprennent de leur cœur, Qu'ils ne se convertissent, et que je ne les guérisse. Mais heureux sont vos yeux, parce qu'ils voient, et vos oreilles, parce qu'elles entendent!

Dans cette parabole, Jésus fait savoir qu'il y a des yeux qui ont été faits pour ne pas voir et des oreilles qui ont été faites pour ne pas comprendre Son message. Quand bien même elles auraient beau entendu, elles ne comprendront pas. Cette situation est pareille à celle de nombreux chrétiens qui écoutent le message de Jésus mais ne le comprennent pas. Selon Lui, c'est parce que leurs cœurs sont « insensibles ». En effet, les yeux et les oreilles ne sont que des canaux de réception mais le message de Jésus s'adresse au cœur, à l'esprit de l'homme et les cœurs insensibles ou inattentifs manquent toujours l'essentiel de ce que Jésus veut leur apprendre. **Etre attentif est plus que rester concentré pour écouter. C'est un exercice continu d'interrogation personnelle et profonde sur ce qu'on entend.**

En Matthieu 13 :10 les disciples s'approchent de Jésus pour lui poser une question sur quelque chose qu'ils avaient trouvé un peu étrange pour eux. Voici la première attitude qui distingue le disciple du chrétien, c'est **l'interrogation.** En effet, un disciple, c'est quelqu'un qui interroge constamment le maitre parce qu'il veut apprendre plus et vite. Se poser et poser des questions est un travail de l'esprit, qui affute la compréhension de l'apprenant. Vous remarquerez dans ce passage que personne d'autre ne s'est approché de Jésus à part les disciples. C'est ainsi que **beaucoup de chrétiens dans les églises manquent de curiosité**, ils ne s'interrogent pas eux-mêmes et n'interrogent pas ceux qui comprennent un peu mieux qu'eux. Pour certains, c'est parce qu'ils prétendent comprendre et pour d'autres, parce qu'ils sont juste désintéressés. Ces derniers ne savent même pas pourquoi ils écoutent le message. Et donc ils n'exercent pas leur esprit à la compréhension. **Développer la sensibilité du cœur pour un apprenant, c'est développer sa curiosité**. Les chrétiens ne deviennent pas des disciples parce qu'ils manquent de curiosité.

Pourquoi est-il difficile de multiplier les disciples ?

Nous venons de voir que ceux qui produisent d'autres disciples, ce sont ceux qui sont déjà eux-mêmes disciples, c'est-à-dire qui ont accepté de passer par le processus d'apprentissage et de croissance. Cependant pour la plupart des chrétiens, ce processus de croissance est ralenti par beaucoup de choses secondaires.

Jésus considère que pour devenir disciple, il faut laisser Son message tomber dans votre cœur comme une semence, mais il faut entretenir la semence jusqu'à ce qu'elle atteigne la maturité :

> *Un autre enfin a reçu la semence « sur la bonne terre ». C'est celui qui écoute la Parole et la comprend. Alors il porte du fruit : chez l'un, un grain en rapporte cent, chez un autre soixante, chez un autre trente. (Matthieu 13 :23)*

Entretenir la parole dans notre cœur demande des soins, de l'attention. C'est un processus qui se fait en plusieurs étapes. Bon nombre de chrétiens ne deviennent pas disciples parce qu'ils ne cherchent pas à grandir au travers de ces étapes.

1. **La compréhension de la parole.**

A ce niveau, le diable lui-même se sent concerné parce qu'il a peur qu'on fasse de toutes les nations des disciples. Donc il fait tous ses efforts pour ne pas que les chrétiens qui entendent la parole puissent la comprendre. Il utilise plusieurs moyens comme la distraction et le manque d'intérêt. La distraction c'est le moyen le plus simple pour le diable de vous arracher la parole que vous entendez. Lorsque vous écoutez ou lisez la parole avec distraction, vous êtes en train de travailler pour le diable sans vous en rendre compte.

Pour certains chrétiens qui ne sont pas distraits, le diable utilise un deuxième moyen pour les empêcher de grandir. Il leur fait manquer d'intérêt pour ce qu'ils entendent ou lisent. Par conséquent, ils ne développent pas leur curiosité pour comprendre le fond de ce qu'ils écoutent. Certains chrétiens entendent un message ou lisent un passage de la bible et lorsqu'ils ne comprennent pas le contexte des évènements qui sont expliqués, ils ne prennent pas le temps de s'arrêter quelques secondes pour s'interroger sur ce qu'ils lisent ou entendent. Le meilleur moyen pour développer votre curiosité c'est de commencer par vous demander « **pourquoi ?** ». Les questions qui commencent avec le mot « **pourquoi ?** » sont des questions très puissantes pour votre compréhension. Ce mot vous ramène au contexte et vous fait comprendre les raisons pour lesquelles les choses existent. Lorsque vous ne développez pas ainsi votre curiosité, vous n'avez pas encore entamé votre processus de croissance. Et le diable vous trompe facilement. Il vient vous voler le peu que vous avez reçu.

> *Lorsqu'un homme écoute la parole du royaume et ne la comprend pas, le malin vient et enlève ce qui a été semé dans son cœur: cet homme est celui qui a reçu la semence le long du chemin. (Matthieu 13 :19)*

2. La vigilance

Souvenez-vous qu'il y a quelqu'un qui en a après ce que vous entendez, c'est le diable. Son arme préférée c'est l'ignorance. C'est pourquoi il va toujours s'assurer que vous oubliiez ce que vous avez lu ou entendu. Il ne veut pas que la semence en vous, arrive à maturité pour porter des fruits. Il a peur qu'on fasse de toutes les nations des disciples. De toutes ses forces, il combat la connaissance en vous, parce qu'il sait que c'est ce que Dieu utilise pour travailler dans le monde, parmi les hommes. Sachez qu'à chaque fois que vous lisez ou entendez le message de Jésus, le diable est tout près de vous, il écoute aussi avec vous pour voir si vous allez comprendre. Quand vous ne comprenez pas il a déjà gagné sans même avoir fait assez d'effort. Mais quand vous commencez à comprendre, il se sent frustré et il fait sortir d'autres armes. Puisqu'il a entendu le message avec vous, il patiente jusqu'à ce que le message prenne fin et il vous envoie le contraire de ce que vous avez entendu. Par exemple, si vous avez entendu un message sur la joie, il vous envoie la tristesse ou la colère pour tuer ce qui est entrée en vous ; si vous lisez un message sur l'amour, il va essayer de vous rappeler tous ceux qui vous ont fait du mal pour vous convaincre que ça ne sert à rien d'aimer ou même de pardonner ; si vous entendez un message qui vous motive à vous lever pour aller monter une entreprise, il va vous rappeler tous vos échecs passés ; il va même vous rappeler les noms de ceux qui ont déjà essayé la même chose et qui ont échoué, il va enlever votre pensée sur les personnes qui ont déjà réussi ce que vous voulez faire ; si vous lisez un passage qui vous encourage, il vous envoie le découragement, etc. Cela peut arriver le même jour, le lendemain, quelques jours après, une semaine plus tard, un mois plus tard ou bien un an plus tard ; le diable est très patient quand il s'agit d'arracher la parole qui est semée dans un cœur. C'est pourquoi l'apôtre Pierre pouvait dire : « *Ne vous laissez pas distraire et soyez vigilants. Votre adversaire, le diable, rôde autour de vous comme un lion rugissant, qui cherche quelqu'un à dévorer. Résistez-lui en demeurant fermes dans votre foi,...* » (1 Pierre 5 :8-9 BDS). Le diable est très sérieux à ce niveau parce que la parole semée dans votre cœur est votre puissance (voir Ephésiens 6 :17).

3. La répétition

Lorsque l'apôtre Pierre recommande la vigilance et la fermeté, c'est parce que le diable est très patient, il peut attendre même plusieurs jours ou plusieurs années pour venir vous voler ce que vous avez appris. Il attend, le bon moment. Et ce moment pour lui, c'est lorsque vous commencez, avec le temps, à oublier ce que vous avez appris, lorsque vous commencez à ne plus retenir ce que vous avez entendu ou lu ; c'est là qu'il entre en action.

Vous êtes en danger quand vous oubliez la parole. Lorsque Jésus a été tenté par le diable dans le désert (voir Matthieu 4 :1-11), Il n'a rien inventé de nouveau ; Il a utilisé des versets qui avaient déjà été écrit dans l'ancien testament (voir Deutéronome 3 :8 ; 6 :16 ; 6 :13) pour se défendre contre les ruses de son ennemi. Même le diable aussi a utilisé des versets déjà écrits dans l'ancien testament pour essayer de tromper Jésus (voir Psaumes 91 :11-12). Imaginez, que Jésus eut oublié les paroles qu'il avait apprises.

Si vous allumer du feu de bois et que vous voulez le garder longtemps allumé, il vous faut souffler sur les braises avec persistance. La parole doit atteindre un certain niveau de chaleur dans votre esprit pour que le diable n'y ait plus accès facilement. Souffler sur les braises avec persistance signifie répéter plusieurs fois la parole que vous avez entendu (voir Josué 1 : 8). Autrement dit, pour ceux qui écrivent, il faut retourner à ses prises de note. C'est un exercice très important qui entretient la semence qui est entrée en vous. Une plante qui n'est pas arrosée constamment finit par mourir. Et vous faites preuve de vigilance quand vous êtes persistant avec la parole.

Quand vous avez bien écouté la parole avec un esprit de curiosité et que vous l'avez comprise, il faut de la persistance (la répétition et la révision). La répétition ou la révision fixe la parole dans votre subconscient (la carte mémoire de votre esprit), au plus profond de votre cœur pour que la semence commence à pousser des racines.

Il faut que, ce que vous lisez ou écoutez, prenne racine en vous.

> *Celui qui a reçu la semence dans les endroits pierreux, c'est celui qui entend la parole et la reçoit aussitôt avec joie; mais il n'a pas de racines en lui-même, il manque de persistance, et, dès que survient une tribulation ou une persécution à cause de la parole, il y trouve une occasion de chute. (Matthieu 13 :20-21)*

Quand la parole ne prend pas de racine dans votre esprit, vous est encore loin du processus de maturation. Vous ne pouvez pas grandir pour porter du fruit. Or Jésus ne reconnait que ceux qui portent du fruit, comme ses disciples (voir Jean 15 : 8).

4. La protection de la parole

> *Un autre encore a reçu la semence « parmi les ronces ». C'est celui qui écoute la Parole, mais en qui elle ne porte pas de fruit parce qu'elle est étouffée par les soucis de ce monde et par l'attrait trompeur des richesses. (Matthieu 13 :22)*

Si vous avez retenu que le diable écoute la parole au même moment que vous pour vous tendre des pièges, alors vous devez vous préparer à les éviter. C'est-à-dire qu'il faut s'attendre au diable. A ce niveau, une de ses stratégies c'est de jouer sur votre environnement.

Dans un premier temps, il va vous envoyer des idées qui vont sembler plus intéressantes que ce que Jésus, votre maitre vous a enseigné. Il va tenter de vous faire croire que ce que lui vous offre est plus important que ce que Jésus vous recommande. Il vous fera douter de ce que vous avez étudié comme il a fait avec Adam et Eve (voir Genèse 3:4-5). Dès que vous êtes en face du doute par rapport à ce que Jésus vous a enseigné il faut rapidement retourner à ce que vous avez appris. Et le doute vient généralement quand vous avez manqué de persistance. A ce niveau, il faut surtout réfléchir aux conséquences de votre choix, surtout à combien de temps cela va durer. Si vous avez du doute entre un choix A et un choix B, analysez la durée de leurs bénéfices puis faites le choix qui a le bénéfice le plus durable.

Choix A : après ce choix, je pourrais en tirer des bénéfices sur environ une heure (1h) ou plus.

Choix B : après ce choix, je pourrai en tirer des bénéfices sur 1 an ou plus.

Vous pouvez même avoir des doutes sur trois (3), quatre (4), voir même cinq (5) choix différents, faites le même exercice et comparez la durée des bénéfices. Vous pouvez appliquer ce principe dans plusieurs domaines de votre vie mais restons dans le cadre du doute que le diable envoie pour nous séduire et nous arracher de la vérité qui a été semée en nous.

Deuxièmement, les propositions que le diable nous fait ne sont pas toujours directes, ils passent souvent par d'autres personnes (famille et amis) dans notre entourage pour nous séduire. C'est pourquoi David pouvait dire : « *heureux l'homme qui ne marche pas selon le conseil des méchants, qui ne s'arrête pas sur la voie des pécheurs, et qui ne s'assied pas en compagnie des moqueurs, mais qui trouve son plaisir dans la loi de l'Éternel, Et qui la médite jour et nuit!* ». Faire attention à ceux qui nous donnent des conseils est très important pour protéger la parole que Jésus a semée en nous. De plus, ces conseillers à éviter ne sont pas toujours dans la famille ou parmi les amis, ils sont également à la télévision, sur internet, un peu partout dans les medias. Le diable est très imaginatif et il utilise tout ce qu'il peut trouver pour atteindre ses objectifs. Je ne suis pas en train de vous demander d'éteindre votre télévision ou de fermer votre téléphone (il y a aussi de bonnes choses à la télévision et sur internet).

Mon point c'est que vous développiez en vous le pouvoir de faire les bons choix ; des choix qui protègent la semence de la parole qui est en vous. C'est alors que vous commencerez à porter du fruit, et vous serez des disciples capables de produire d'autres disciples.

Dans la parabole du semeur, sur les quatre (4) différents types de sol, seulement un seul a reçu la semence et a porté du fruit. Cela signifie qu'à chaque fois qu'un message est donné dans une foule, il y a environ 25 sur 100 personnes qui savent réellement quoi faire avec la semence qu'elles ont reçue dans leurs cœurs. Comment donc gagner toutes les nations avec un tel chiffre ?

Conclusion partielle

Nous venons de comprendre pourquoi devenir disciple et faire des disciples est difficile pour les chrétiens. En effet, tous les élèves de Jésus n'ont pas la même attitude face à la parole qu'ils entendent. Ce n'est pas qu'il y ait des oreilles qui ont été faites pour ne pas entendre, mais c'est juste que la plus part des chrétiens manquent d'intérêt et d'attention pour la parole ; ils manquent de curiosité ; ils manquent de vigilance ; ils manquent de persistance ; mais surtout, ils ne savent pas protéger et entretenir la semence plantée dans leur cœur. Ils empêchent ou retardent ainsi le processus de leur maturation. Par conséquent, ils ne peuvent porter de fruit pour prouver qu'ils sont disciples.

B. La qualité de la semence

Comprendre pourquoi la multiplication des disciples est si importante pour Jésus.

Nous avons étudié la parabole du semeur en parlant des différents types de sols et de la façon dont les chrétiens reçoivent la parole dans leurs cœurs. Toutefois, nous n'avons pas encore vu de quel type de semence il était question. Rappelez-vous **les deux étapes pour faire des disciples : d'abord baptiser et ensuite enseigner l'élève à observer ce que Jésus a prescrit.** Nous avons vu que c'est le processus d'apprentissage auquel le chrétien est soumis, qui fait de lui un disciple. Cependant, il est important de comprendre ce que Jésus a réellement prescrit et qu'il faut apprendre. Retournons à la parabole du semeur :

> *«...Chaque fois que quelqu'un entend le message qui concerne le royaume et ne le comprend pas,... » (Matthieu 13 :18-19 BDS)*

Ici Jésus ne parle pas de toute sorte de message, mais du message qui concerne ***le royaume***. En effet, tous les messages ne font pas grandir. C'est la raison principale pour laquelle beaucoup de chrétiens qui ne sont pas des disciples et la raison pour laquelle gagner les nations est une mission presqu'impossible. Les chrétiens apprennent d'autres types de message.

Le Royaume

Quand Jésus est venu sur la terre, il savait précisément ce pourquoi il était là. Ainsi, il pouvait déclarer : « *Il faut aussi que j'annonce aux autres villes la bonne nouvelle du royaume de Dieu; car c'est pour cela que j'ai été envoyé* » (Luc 4 : 43). Son message était précis même s'il n'était pas clair pour tout le monde. Et pour Jésus, la priorité était ***le royaume***.

Vous vous souvenez de la première fois où Jésus prit la parole en public, au tout début de son ministère : « Repentez-vous, car le royaume des cieux est proche » (Matthieu 4 :17). Jésus parle du royaume des cieux comme de quelque chose qui est en train de venir sur la terre mais n'est pas encore là. C'est pourquoi quand ses disciples Lui ont demandé pour la première fois comment prier, il ne leur a pas parlé de comment chasser des démons, ni comment guérir des malades. Pour lui ces choses étaient secondaires. Au contraire, il leur a appris la prière du royaume.

> *Que ton règne vienne; que ta volonté soit faite sur la terre comme au ciel. (Matthieu 6 :10).*

La volonté de Dieu c'est que son règne et son gouvernent qui est dans les cieux, s'établisse sur la terre. Mais la question à se poser est de savoir si la terre n'est pas déjà bien gouvernée. Pourquoi Dieu veut-il régner sur ce territoire aussi éloigné ?
Cette question nous fait penser à la période historique de la colonisation de certains pays par les grandes puissances occidentales entre le XIXe et le XXe siècle. En effet, les grandes puissances occidentales telles que le royaume d'Espagne, le Royaume Unis, le Royaume de France (qui est devenu république française à partir de 1792) étaient toutes des royaumes au départ. Et l'une des caractéristiques d'un royaume c'est sa volonté à étendre son règne et son influence sur d'autres territoires par des moyens économiques, politiques ou militaires. C'est ce qui justifia la colonisation de la plupart des pays d'Afrique, d'Asie et de certains pays de l'Europe.

Lorsqu'une puissance coloniale envahit un pays étranger, elle lui impose sa culture et son mode de pensée, qui se traduisent notamment par le mode alimentaire, le mode vestimentaire, le type de religion à adopter, le mode d'administration, le modèle économique etc. La plus grande forme d'influence culturelle d'un pays par une autre puissance, c'est l'abandon de la langue locale au détriment de la langue du colon. C'est pourquoi les langues de ces grandes puissances impérialistes (anglais, français espagnole, etc.) font partie des langues internationales les plus influentes aujourd'hui.

Par ailleurs, l'influence du mode de pensée d'un peuple colonisé par une grande puissance impérialiste ou par un royaume est toujours initiée au travers d'un système éducatif imposé et bien organisé. Ainsi, vous verrez que les systèmes éducatifs dans les pays francophones et anglophones présentent beaucoup de différences, même dans la manière de nommer les niveaux de classe. De plus, le type de religion adoptée influence le mode de pensée d'un pays colonisé (monde arabe et Afrique subsaharienne ou encore certains pays de l'Asie et d'Europe) et cela est lié au type de religion pratiqué par le colonisateur.

En sommes, il est facile de reconnaitre par quelle puissance un peuple a été colonisé, en observant simplement ces habitues culturels et son mode de pensée. Le français est parlé dans plusieurs pays d'Afrique comme en France ; dans plusieurs pays anglophones aujourd'hui, les véhicules roulent à gauche comme au Royaume-Uni[3] et non à droite, etc. tous ces exemples montrent l'influence de la domination d'un royaume qui veut étendre son règne.

De même, quand Jésus dit dans sa prière : *« notre Père,... que ton règne vienne et que ta volonté soit faite sur la terre comme au ciel»*, il demande ainsi que la culture du royaume des cieux et son mode de pensée soient introduits sur la terre afin que les peuples de la terre vivent comme on vit au ciel, c'est-à-dire révérant Dieu, le Roi (tout royaume est dirigé par un Roi). Il attend que, les valeurs telles que l'amour, la paix, la joie, la bonté, la douceur, la loyauté et les principes du royaume des cieux tels que le don de soi (pour l'autre), le service et la fidélité soient dans le quotidien de tous les hommes de la terre. Il ne veut pas que ces valeurs et principes soient seulement partagées par un certains nombres de personnes, mais Dieu veut que tous les hommes de la terre adoptent cette culture ; celle ***du Royaume.***

Aujourd'hui, si le terrorisme est une menace globale ; si la délinquance fait rage dans plusieurs villes ; s'il n y a pas de paix sur la terre ; c'est un signe que le règne de Dieu n'est pas encore établit dans les nations ; s'il n'y a pas de paix

[3] https://www.worldstandards.eu/fr/voitures/sens-de-circulation-par-pays/

dans les familles, dans les foyers ; s'il n'y a pas d'amour dans les cœurs, dans les églises, parmi les frères ; si un homme ou une femme ne peut plus être fidèle à une seule conjointe ou à un seul conjoint ; si les êtres humains sont de plus en plus égoïstes (2 Timothée 3 :2-5), pensant uniquement à leurs propres intérêts ; toutes ces choses sont le signe que la pensée de Dieu est loin des cœurs et que le règne de Dieu tarde à venir. Certainement, il y a des hommes et des femmes qui font beaucoup d'effort pour vivre selon ses principes au milieu d'une génération corrompue, mais Dieu veut que son règne s'étendent à tous les peuples, tous les individus peu importe leur bord social, plus que l'influence des grandes puissances coloniale. C'est pour cette raison que Jésus est venu (voir Luc 4 : 43), c'est le message qu'il a prêché et c'est pourquoi il a confié à tous ses disciples d'aller et de faire de « toutes les nations des disciples », leur enseignant à observer ce qu'il a prescrit. Dieu veut étendre son règne.

Importance d'enseigner et d'apprendre le royaume

Les pleurs dans les nations, le désordre dans les foyers, les enfants qui n'obéissent plus à leurs parents, les divisions parmi les frères, la tristesse qui a envahi les âmes, le chômage à grande échelle, les hommes qui luttent sans pouvoir atteindre leurs objectifs; et toutes ces difficultés n'épargnent pas les enfants de Dieu. Les chrétiens qui sont censés être le sel de la terre et la lumière du monde, pourquoi vivent-ils les mêmes problèmes que le monde connaît ? Dieu n'entend-il pas la voix de ses enfants ? N'est-ce-pas le Dieu dont on dit que la main n'est pas trop courte pour sauver, ni l'oreille trop dure pour entendre (voir Esaïe 59 :1)? Pourquoi donc, les églises sont-elles remplies de chrétiens frustrés, insatisfaits, à la queue et non à la tête, comme s'ils ne connaissaient pas le Dieu tout puissant?

Lorsque la plupart des chrétiens se tournent vers Dieu pour crier à Lui afin qu'Il se souvienne de leur cause, voici la réponse que l'Eternel leur donne :

> *Vous demandez, et vous ne recevez pas, parce que vous demandez mal, dans le but de satisfaire vos passions. (Jacques 4 :3)*
>
> *Ou bien, quand vous demandez, vous ne recevez pas, car vous demandez avec de mauvais motifs : vous voulez que l'objet de vos demandes serve à votre propre plaisir. (Jacques 4 :3 BDS)*

Dieu réponds qu'il ne peut pas leur accorder ce qu'ils demandent, parce qu'ils « demandent mal », leurs requêtes sont tournées vers leurs propres besoins. Je vous invite à faire votre propre enquête dans votre église locale et demandez aux chrétiens pourquoi ils viennent à l'église ; vous réaliserez que plus de 90 % des membres sont là, soit parce qu'un de leur parent est là ou parce qu'ils attendent que Dieu répondre à l'un de leur problème personnel.

Si vous voyez des chrétiens dans une église, la plupart y sont parce qu'ils ont au moins un sujet de prière sur leur cœur, ils ont une situation qu'ils veulent voir changer dans leur vie ; cela peut être une question de travail, de promotion, de voyage, de mariage, d'enfantement, d'étude, de santé, ou d'argent; d'autre même veulent la paix simplement dans leur vie. Alors lorsqu'ils arrivent à l'église, ils ont dans leur cœur et dans leur pensée, ce problème qui les tracasse. La plupart des rendez-vous entre un pasteur et ses fidèles sont en majorité pour des questions personnelles, quand un serviteur de Dieu décroche son téléphone, c'est généralement pour traiter le problème d'un fidèle, parce que tout le monde a un besoin.

Beaucoup de chrétiens prétendent connaitre Dieu mais très peu sont ceux qui Le comprennent. Beaucoup pensent que Dieu n'a pas de problèmes. Même des dirigeants et responsables d'église ne savent pas que Dieu aussi à des besoins et donc personne ne cherchent même à savoir ce qui Le préoccupe.

Dieu Lui-même dit que *« vous ne recevez pas, parce que vous demandez mal »*, parce que votre motif est mauvais selon Lui. Qu'elle est donc le bon motif pour demander à Dieu afin de recevoir ? C'est la même question que les disciples ont posée à Jésus. Je disais tantôt que les chrétiens manquent de curiosité, ils ne posent pas de questions. Ceux qui deviennent des disciples posent des questions. Alors quand ses disciples Lui ont demandé comment prier et Jésus leur répondit:

> *Voici donc comment vous devez prier: Notre Père qui es aux cieux! Que ton nom soit sanctifié;*
> *Que ton règne vienne; que ta volonté soit faite sur la terre comme au ciel.*
> *Donne-nous aujourd'hui notre pain quotidien;*
> *Pardonne-nous nos offenses, comme nous aussi nous pardonnons à ceux qui nous ont offensés;*
> *Ne nous induis pas en tentation, mais délivre-nous du malin. Car c'est à toi qu'appartiennent, dans tous les siècles, le règne, la puissance et la gloire. Amen! (Matthieu 6 :9-13)*

Beaucoup de chrétiens veulent le « pain quotidien » (voir Matthieu 6 :11) mais ils oublient ou bien ignorent que le « que ton règne vienne » (voir Matthieu 6 :10) vient avant. Jésus a enseigné à ses disciples, une loi que j'appelle la ***loi des priorités***. Il place le règne de Dieu d'abord, avant de parler « du pain quotidien », c'est l'inverse que font les chrétiens. Dieu aussi à des besoins, plus importants que le vôtre ; Il veut étendre son royaume sur la terre, c'est la raison pour laquelle Il vous a sauvé. Il veut que vous alliez, il veut gagner toutes les nations. De la même manière que les royaumes de la terre ont étendu leur influence depuis l'antiquité jusqu'au temps modernes avec la colonisation, Dieu présentait ainsi un modèle aux hommes pour qu'ils comprennent Sa volonté. Mais les hommes sont orientés sur leur « pain quotidien ».

Le « pain quotidien », c'est votre emploi, votre enfant, votre maison, votre argent, votre projet, votre santé, tout ce qui tourne autour de votre bien-être personnel. Lorsque c'est ce qui motive votre demande, vous allez attendre encore longtemps parce que Dieu a des priorités. « Le pain quotidien » n'est pas mauvais mais quand il est placé en premier, avant le royaume de Dieu, c'est une prière désordonnée qui n'aura souvent pas de réponse.

De plus, Dieu vous considère comme un païen, lorsque vous placez vos besoins personnels avant son règne. C'est pourquoi Jésus a dit à ses disciples :

> « *Car toutes ces choses, ce sont les païens qui les recherchent. Votre Père céleste sait que vous en avez besoin.*
> *Cherchez premièrement le royaume et la justice de Dieu; et toutes ces choses vous seront données par-dessus.*
> *Ne vous inquiétez donc pas du lendemain; car le lendemain aura soin de lui-même. A chaque jour suffit sa peine. (Matthieu 6 :31-33)*

Dieu tient fortement à son royaume, c'est pourquoi Il bénit abondamment Ses ministres qui veulent faire étendre son règne sur la terre. Dieu veut vous donner au-delà de ce que vous demandez ou même imaginez (voir Ephésiens 3 : 20). Votre problème personnel est trop petit pour Dieu. Vous L'insulter quand vous priez pour vous seul. Dieu ne veut pas vous bénir vous seul, Il veut gagner les nations, mais Il cherche quelqu'un à qui confier ces responsabilités. C'est pourquoi il a dit « allez et faites de toutes les nations des disciples ».

Les disciples, sont ceux qui portent beaucoup de fruits (voir Jean 15 : 8). Pourquoi Dieu appelle disciples ceux qui portent des fruits ? Parce qu'il veut toucher le maximum de personnes. Remarquez les fruits ne sont pas plus importants que ce qui les porte. En d'autres mots, Dieu veut que vous soyez comme un arbre à plusieurs branches. En effet, si vous êtes une mangue vous ne profitez pas à beaucoup de personnes, mais si vous êtes un manguier, vous attirez beaucoup de personnes.

Si vous voulez être un manguier (un arbre qui a suivi son processus de croissance), Dieu vous donne beaucoup de fruits pour nourrir les hommes qu'Il veut toucher (c'est là qu'il répond à votre demande) *car on donnera à celui qui a, et il sera dans l'abondance, mais à celui qui n'a pas on ôtera même ce qu'il a* (Matthieu 13 :12). C'est-à-dire que si vous voulez rester une mangue, si vous êtes préoccupé par vos problèmes personnels, vous restez seul(e), destiné(e) à être consommé(e) et on n'entendra plus parler de vous.

Ne cherchez pas la chose, cherchez la chose qui donne la chose (priorité).

La mangue c'est « le pain quotidien », c'est votre besoin personnel mais le manguier c'est le royaume de Dieu. C'est le manguier qui donne la mangue, alors il vient en première position. Si vous cherchez premièrement le manguier vous êtes béni en abondance, mais si ce qui est plus important pour vous c'est la mangue, vous êtes encore un chrétien immature. Les chrétiens immatures n'aiment pas le manguier parce que son processus de croissance prend du temps et demande de la discipline. En d'autres termes, ils ne recherchent pas la croissance, qui leur fera porter du fruit pour beaucoup autour d'eux. Quel égoïsme !

Si vous voulez faire la différence dans votre génération, changez l'ordre de vos priorités, mettez le royaume de Dieu et ses intérêts en premier et vos besoins en second.

La loi des priorités : mettez les premières choses en première position et les deuxièmes choses en seconde position.

Les chrétiens sont aussi perdus parce qu'on ne leur enseigne pas le royaume.

Nous avons vu plus haut que la raison principale pour laquelle Jésus est venu, c'était pour étendre le royaume. Ainsi, pour équiper ses disciples, Il leur a donné la même instruction :

> *Allez plutôt vers les brebis perdues de la maison d'Israël.*
> *Allez, prêchez, et dites:* ***Le royaume*** *des cieux est proche.*

> *Guérissez les malades, ressuscitez les morts, purifiez les lépreux, chassez les démons. Vous avez reçu gratuitement, donnez gratuitement. (Matthieu 10 :6-8)*

En effet, il est normal que celui qui veut accomplir la mission de Jésus, suive ses traces en mettant le royaume en priorité. Cependant, la plupart des programmes et activités dans les églises tournent autour de ce qui est secondaire (les besoins personnels des hommes). Avant de guérir les malades, ressusciter les morts, purifier les lépreux, chasser des démons (tout ceci c'est les problèmes personnels des hommes), Jésus faisait Lui-même ce qu'il a recommandé (voir Matthieu 9 :35), ce qui est de dire : « **le royaume des cieux** est proche ». Plusieurs ont fait des choses secondaires leur priorité.

Jésus insistait sur l'enseignement du royaume, parce que les choses secondaires ne font pas changer les cœurs des hommes. Après que leurs problèmes personnels soient réglés, ils restent eux-mêmes, comme la mangue seule, ils ne passent pas par le processus qui va faire d'eux des arbres porteurs de fruits (voir la parabole du semeur, p24)

C. Application de l'enseignement du royaume

L'enseignement du royaume est simple comme la colonisation des pays d'Afrique ou d'Asie. En effet, même si la plupart de ces pays ont leurs propres langues locales, en Afrique de l'ouest beaucoup de pays parlent le français et en Afrique de l'Est par contre on utilise davantage l'anglais, dépendamment du royaume qui les a colonisés. C'est ce qu'on appelle influence ou encore impact.

Quand Jésus dit d'enseigner son royaume ou d'aller et de faire de toutes les nations des disciples, il est en train de dire d'étendre l'influence des cieux sur la terre (« que ton règne vienne »). Telle la colonisation a créé du changement de culture, de langue et d'habitude chez plusieurs peuples, l'influence du royaume des cieux doit aussi créer du changement dans la culture et les habitudes des habitants de la terre. C'est la volonté de Dieu.

Je disais que l'enseignement du royaume est simple comme la colonisation mais les changements qu'il y a eu dans ces pays colonisés ne se sont pas opérés en deux jours. Cela a demandé du temps et du travail et souvent de la violence : « *Depuis le temps de Jean Baptiste jusqu'à présent, le royaume des cieux est forcé, et ce sont les violents qui s'en s'emparent»* (notez bien que Dieu n'a jamais encouragé la brutalité ou l'oppression ; la bible parle ici de violence sur soi-même pour changer sa manière de penser et les anciennes habitudes). Ainsi, pendant des années, ces puissances ont transmis des idées, des pensées et des valeurs à d'autres pays. C'est ce qui a produit les résultats que nous connaissons aujourd'hui.

Comment donc, l'influence du royaume des cieux crée-t-elle du changement en nous et autour de nous ? Nicodème avait cette même curiosité et c'est même ce qui l'a poussé à interroger Jésus (je rappelle, un disciple c'est quelqu'un qui pose des questions) et *Jésus lui répondit: En vérité, en vérité, je te le dis, si un homme ne naît de nouveau, il ne peut voir le royaume de Dieu. Nicodème lui dit: Comment un homme peut-il naître quand il est vieux? Peut-il rentrer dans le sein de sa mère et naître? Jésus répondit: En vérité, en vérité, je te le dis, si un homme ne naît d'eau et d'Esprit, il ne peut entrer dans le royaume de Dieu.*

La réponse de Jésus était très ambiguë pour Nicodème, et elle l'est pour bon nombre de chrétiens également. C'est pourquoi l'apôtre Paul l'a simplifiée en disant : *Ne prenez pas comme modèle le monde actuel, mais laissez-vous transformer par le renouvellement de votre pensée, pour pouvoir discerner la volonté de Dieu : ce qui est bon, ce qui lui plaît, ce qui est parfait. (Romain 12 :2)*

Autrement dit, naitre d'eau et d'esprit c'est passer de l'étape de chrétien (baptisé) à disciple de Jésus. Cette transformation se fait par le processus que nous avons expliqué en quatre étapes avec la parabole du semeur (voir p24), c'est-à-dire changer votre attitude avec la parole.

1. Développez une grande curiosité qui vous pousse à comprendre la parole
2. Développez de la vigilance en reconnaissant que le diable en veut à la parole qui est entrée dans votre esprit,
3. Répétez et révisez ce que vous apprenez pour que la semence prenne racine en vous,
4. Protégez votre cœur (votre esprit) et ce que vous entendez de la parole en évitant d'écouter ou de regarder son contraire.

Cette expression « *laissez-vous transformer par le renouvellement de votre pensée* », est l'enseignement que Jésus a donné lors de sa première prédication en public, il a dit : ***Changez****, car le royaume des cieux est proche.* (Matthieu 4 :17, le Semeur).

Pour résumer, **l'influence du royaume de Dieu c'est le changement**. Changement dans les pensées, les caractères, les habitudes, les attitudes, même les paroles, car toutes ces choses sont le fruit de nos pensées. Quand Jésus, demande de porter du fruit ou de faire de toutes les nations des disciples, il est en train de nous dire de faire en sorte que tous les hommes autour de nous, changent leurs caractères, leurs habitudes, leurs comportements, sachant que cela commence par leurs pensées. C'est plus que gagner des âmes.

Jésus a beaucoup insisté sur la pensée. Ainsi il pouvait dire par exemple que l'adultère n'est pas le fait d'aller physiquement avec la femme d'autrui mais le simple fait de regarder même une inconnue et de la convoiter dans son cœur ; c'est l'œuvre de la pensée (voir Matthieu 5 :28). La pensée est le résultat des idées et des informations reçues, c'est pourquoi notre attitude avec la parole est très importante. De plus, la pensée n'est que le début mais l'information reçue doit prendre du temps avant de se transformer en action ou en nouveau caractère. Si certains pays africains colonisés par la France parlent le français aujourd'hui, c'est le travail de toute une vie, et non d'une semaine. Un enfant qui nait dans une famille, apprend la langue maternelle de ses parents en étant exposé chaque jour à cet environnement. S'il passe toute sa vie dans un pays étranger, il ne pourra pas parler la langue de ses parents.

Vous ne changerez pas vos habitudes, ou le caractère de quelqu'un près de vous juste en allant à l'église une fois dans la semaine mais en étudiant la parole comme un disciple, jour et nuit (voir Josué 1 :8, Psaumes 1 :2). Pour changer un caractère ou une habitude, il faut que La parole du royaume devienne d'abord une habitude (une culture).

Apres avoir travaillé sur vos propres pensées, vos propres habitudes, votre propre caractère, si la parole porte ses fruits en vous, maintenant votre responsabilité est de transférer cette même influence sur votre entourage. Le royaume ne doit pas influencer que vous, mais il doit aussi se rependre à tous les domaines qui vous concernent. Puisque « **que ton règne vienne » veux dire créer le changement pour adopter et faire adopter les valeurs de Dieu sur terre**, alors si vous êtes un père de famille, disciple de Jésus (je ne dis pas chrétien), et que vos enfants sont désobéissants, il est de votre responsabilité de les changer, de faire changer leurs habitudes ; mais si vous n'êtes pas encore passé de chrétien à disciple, vous ne savez pas comment le faire. Donc retournez sur les bancs de Jésus pour reprendre votre formation avec la parole du royaume. Si vous êtes une femme au foyer (disciple), s'il n y a pas de paix dans votre maison ou que votre mari n'est pas aimable, c'est à vous d'influencer son caractère et l'atmosphère de la famille par la puissance de la parole qui est en vous. Si vous êtes dans une entreprise, même en tant que simple employé et que la société fait des chiffres d'affaires négatifs, votre responsabilité en temps fils de royaume, c'est d'influencer les chiffres et créer le changement. C'est le rôle que Joseph a joué dans la maison de Potiphar, tout ce qu'il touchait réussissait (voir Genèse 39 :5). Mais si vous n'êtes pas encore disciple, vous ne comprenez pas comment cela se fait. Si vous êtes membre du gouvernement et que les politiques sont mal appliquées ou bien ne fonctionnent pas, vous avez la responsabilité de « sel ». Si vous êtes responsable d'église ou d'un groupe quelconque de l'église et que les membres passent tout leur temps à se plaindre les uns des autres, s'ils n'ont pas d'amour ni de joie à servir les autres, c'est la preuve que le royaume n'influence pas encore. Même dans votre quartier, vous êtes la lumière, éclairez-les. Ce sont quelques exemples de sphères où Dieu veut régner par ses valeurs et ses principes. On peut citer encore l'école, si vous êtes enseignant ; et d'autres domaines comme le monde de la musique, du sport, les medias, etc. Les exemples sont multiples. Dieu veut que ses valeurs influencent dans tous les domaines qui vous concernent.

Dieu ne veut rien épargner, tous ces domaines sont les nations qu'il veut transformer. C'est ce message que Jésus a demandé d'enseigner et d'apprendre pour faire des nations des disciples, les autres choses sont secondaires.

Conclusion partielle

Apres avoir compris ce que Dieu attend de vous, analysez pour voir la situation de tous ces domaines autour de vous ou vous êtes directement concerné. Combien avez-vous pu influencer et faire changer ; combien eux aussi ils ont changé à leur tour ? Si vous êtes déjà né d'eau, êtes-vous maintenant né d'Esprit ? Si vous n'êtes pas encore passé de chrétien à disciple, soumettez-vous au processus de transformation pour que vous soyez utile maintenant pour la mission. La moisson est grande. Dieu veut gagner les nations mais comme il est sage, il commence dans les maisons, dans les familles.

CONCLUSION GENERALE : Mon mot à l'église de MPPM

Nous n'avons rien fait pour le mériter mais Christ a payé un prix énorme pour que nous soyons appelés enfants de Dieu (Esaïe 53 :6). C'est un privilège que les gens du monde n'ont pas eu. Il nous a fait appartenir à sa famille qu'il appelle Eglise.

Il est venu sur terre pour construire son Eglise en posant les fondements, et quand il est retourné à son Père, c'était certainement pour rendre compte de ses œuvres, disant à Son Père qu'il a laissé derrière Lui des hommes et des femmes capables, à qui il a confié d'achever l'œuvre qu'il avait commencé.

Dieu attend donc beaucoup de ses enfants qu'il a rachetés. Il est notre Père. Lorsqu'un père inscrit son enfant dans une école, quand il paie pour l'éducation de son enfant, il ne le fait pas pour se distraire ou pour le plaisir de l'enfant. Non, lorsqu'un père investit dans l'éducation de ses enfants, il attend des résultats. Ainsi, Dieu nous a fait devenir membre de Sa famille puis Il nous a inscrits dans Son Eglise, c'est pour des résultats, sinon à quoi bon? En effet, **l'Eglise est une école qui forme des disciples pour les envoyer achever la mission : faire de toutes les nations des disciples.**

Dieu a fait de nous sel de la terre et lumière du monde pour redonner du goût à la vie des hommes dans notre entourage et pour ouvrir les yeux des aveugles autour de nous.

Il veut que tous les hommes de la terre marchent selon les valeurs du Royaume. Les valeurs d'amour, de justice et de paix, sur les principes du sacrifice et du don de soi. C'est ce que son Esprit crée dans les cœurs de ceux qui cherchent à le connaitre dans sa parole (voir Romains 14 :17).

Moi, je bénis le Seigneur pour cette famille spirituelle qui m'a vu naitre, le Ministère de la Puissance de la Parole et du Miracle (MPPM). Je bénis le Seigneur de ce qu'il m'a fait la grâce de connaitre une famille où la vérité est enseignée, les églises de ce genre se font rares de nos jours. **J'ai toujours gardé le slogan « l'obéissance fait la différence » comme une devise personnelle,** parce que mon plus grand rêve c'est de faire la joie de mon Créateur et de voir Son royaume s'étendre, s'étendre et s'étendre davantage. C'est pourquoi j'ai écrit ces lignes et je voudrais terminer en recommandant 2 lois du royaume aux fils et filles de Dieu de MPPM pour que les disciples se multiplient davantage.

La loi de l'amour : la règle du 1/99

La règle du « un quatre-vingt-dix-neuf » ou 1/99. Je viens juste d'imaginer ce nom pour faire allusion à la parabole de la brebis égarée :

> *Quel homme d'entre vous, s'il a cent brebis, et qu'il en perde une, ne laisse les quatre-vingt-dix-neuf autres dans le désert pour aller après celle qui est perdue,* ***jusqu'à ce qu'il la retrouve****?*
> *Lorsqu'il l'a retrouvée, il la met avec joie sur ses épaules,*
> *Et, de retour à la maison, il appelle ses amis et ses voisins, et leur dit: Réjouissez-vous avec moi, car j'ai retrouvé ma brebis qui était perdue. (Luc 15 : 3-5).*

Si je présente la loi de l'amour de cette manière, c'est parce qu'elle est le fondement, le commencement et la fin de toute chose. Et c'est la première chose qui distingue un disciple de celui qui ne l'est pas. Dans cette parabole, Jésus confirme qu'il est évident qu'aucun fermier ne peut laisser une de ses brebis se perdre, au point même de risquer la vie des 99 autres pour aller la chercher. Mais quel est le constat dans notre Eglise ? Est-ce qu'on se soucie des âmes qui se perdent ? Est-ce qu'on entend la voix de la seule brebis qui cherche le chemin, en vain sans jamais le trouver ?

La réponse à ces questions est visible au travers de l'effectif même de l'Eglise. Est-ce qu'il y a un bilan régulier qui est fait pour savoir combien entrent chaque mois, chaque année? Est qu'il y a augmentation ou diminution ? Est-ce qu'on évalue aussi le nombre de ceux qui quittent le troupeau? **Chacun est concentré sur ses problèmes personnels. Pendant ce temps les brebis pleurent.** Nous sommes négligents parce que l'amour est loin de nos cœurs, nous manquons de passion et de considération pour ce qui a de la valeur pour Dieu (les vies).

En réalité le serviteur qui laisse la brebis se perdre c'est celui qui n'a pas payé de prix pour l'avoir. Il faut amener les responsables de l'Eglise à considérer chaque vie et chaque âme comme quelque chose de cher pour eux-mêmes et pour le Seigneur aussi qui a payé un prix fort ; les amener à considérer chaque âme comme une partie de leur propre vie. Quand ils dorment, ils doivent rêver aux troupeaux ; c'est ça le vrai amour.

La brebis perdue dont Jésus parle ici, ce sont ceux qui ne le connaissent pas et qui marchent loin de Lui en ce moment (les pécheurs). Mais on ne peut pas avoir la passion pour les gens du dehors si on n'est même pas capable de prendre soin du petit troupeau à notre charge actuellement. A l'intérieur de l'enclos d'abord, les brebis souffrent, elles ne mangent pas à leur faim parce que les serviteurs ont démissionné.

Les responsables que nous sommes, nous devons nous exercer à prendre soin du peu de brebis qui est encore dans l'enclos pour que Dieu nous mandate pour les brebis perdues hors de l'enclos. **Les responsables sont les premiers qui doivent être des disciples, maitrisant la parole, pour commencer à nourrir le troupeau à l'intérieur.** C'est cette nourriture qui leur manque. Les pasteurs et prophètes, à eux seuls ne peuvent pas prendre soin du troupeau. Je répète, **la nourriture dont le troupeau a besoin c'est la parole**. Et ce n'est pas le rôle des pasteurs de nourrir toutes ces brebis. Le rôle des pasteurs c'est d'équiper les disciples, c'est de nourrir les premiers responsables et eux à leur tour vont nourrir la multitude de brebis. Quelle est donc la différence si les responsables des brebis et les brebis ont la même nourriture (que les dimanches) ?

J'invite sincèrement les pasteurs à investir 80% de leur énergie à nourrir les responsables (diacre, anciens, responsables de femmes et de jeunes, responsables des familles) de sortes à ce qu'ils aient la passion pour le troupeau. Et à leur tour, ils nourriront les brebis, de façon intensive. La prédication de dimanche ne suffit pas pour nourrir le troupeau, il a faim. Jusqu'à présent je ne crois pas personnellement, que les responsables sont nourris comme des disciples ; c'est pourquoi ils ne sont pas passionnés pour le troupeau. Et c'est pourquoi beaucoup de vies ne sont pas changées et que les effectifs stagnent et le royaume ne s'étend pas.

Quand on prend le cas des familles de l'église par exemples, les membres doivent pouvoir trouver la nourriture qu'il faut auprès du père de famille et des responsables de famille. Un fidèle qui dépasse son responsable le plus proche pour aller jusqu'à l'homme de Dieu pour des problèmes que le responsable peut traiter, je crois qu'il y a une erreur à ce niveau. Et cela peut entrainer deux conséquences majeures : les fidèles ne pourront pas faire confiance en leurs responsables pour se confier en eux en toute chose ; et l'objectif de faire plus de disciples, de multiplier aux maximum ne pourra pas être atteint parce que les pasteurs et prophètes à eux seuls, ne peuvent pas toucher un plus grand nombre à la fois et rapidement. Les hommes de Dieu devraient définir un certain nombre de problèmes sociaux et spirituels qui ne doivent pas les atteindre et qui devraient être réglés par les responsables directement. Cela donnera plus d'autonomie et une grande puissance à l'avancement de l'œuvre parce que les leaders seront occupés à développer des programmes plus grands et plus importants.

D'autre part l'amour doit commencer par le haut. Lorsque les responsables de familles, de département ou bien les diacres et anciens vont leur témoigner de l'amour et de la passion, à ce moment les fidèles comprendront plus facilement ce que c'est que d'aimer. Les hommes apprennent vite par imitation (en fonction de ce qu'ils voient). En plus de la prédication, ils doivent voir des exemples et modèles palpables dans la vie de leurs responsables. Ils voudront appliquer ce qu'ils voient avant ce qu'ils entendent. C'est l'influence du royaume. L'Eglise doit apprendre les priorités dans le royaume pour que les membres se déconnectent un tant soit peu de leurs problèmes personnels pour prioriser les intérêts des autres. C'est là où commence l'amour, dans le temps qu'on investit pour les autres.

La loi du service

Apres l'amour, le deuxième principe d'extension du royaume, c'est **le service**. Servir les intérêts de l'autre sans murmures, ni arrières pensées (voir Philippiens 2 :14). Le service est une valeur qui manque à beaucoup de chrétiens.

Une fois j'ai assisté à une réunion où on devait réfléchir pour voir s'il serait possible de faire passer les cotisations de 1000F à 2000 F/membre, pour honorer désormais tout membre qui aurait eu un nouveau bébé. Et j'ai été surpris d'entendre quelqu'un prendre la parole et dire : « mais qu'est-ce qui en est de moi qui ne vais plus faire d'enfant, vu mon âge. Alors si je paie 2000F, qu'est-ce que j'ai en retour ? ». Elever le montant n'est pas mon point mais c'est la réaction qui est à étudier. Les chrétiens ont perdu le sens de donner sans rien attendre en retour. **Lorsqu'une Eglise est régie par la valeur de l'amour, le service devient normal et naturel**. C'est un peu l'une des causes du retard de ***la caisse sociale***. Les participations sont minimums parce que personne ne sait le jour où il sera dans le besoin d'approcher la caisse sociale pour un service.

On est prêt à donner, seulement lorsqu'on sait quand et comment on pourra recevoir en retour. Dans le royaume, c'est ceux qui donnent avec libéralité qui sont bénis. Je pense qu'on ne devrait même pas faire la police pour des cotisations si l'amour et l'importance du royaume sont enseignés. Chacun doit savoir que quand il donne c'est pour le progrès du royaume et non parce qu'un de leurs besoins personnels sera réglé. Dans le royaume de Dieu on ne parle pas de ses besoins personnels. Dans la prière que Jésus a enseigné à ses disciples, il dit «donne ***nous*** aujourd'hui ***notre*** pain quotidien…» et non « donne-***moi*** aujourd'hui ***mon*** pain quotidien », parce que dans le Royaume de Dieu, le pronom « **je** » n'existe pas. Ce sont les capitalistes qui ont créé cette pensée égoïste de biens personnels. Dans le royaume, on demande à Dieu de nous donner des choses, pour plusieurs personnes, c'est pourquoi les chrétiens de l'Eglise primitive ne manquaient de rien (Actes 4 :34).

La loi du service ne s'applique pas seulement au niveau financier, mais aussi dans tout ce qu'on peut sacrifier juste pour que l'autre soit heureux. La jeunesse par exemple est remplie de talent. Il y a des étudiants dans l'Eglise, pendant que plus d'une femme disent qu'elles ne peuvent pas lire la bible parce qu'elles n'ont pas été à école. Il y a de bons formateurs, et entrepreneurs pendant que certains chôment et d'autres sont à la recherche d'idées pour commencer une entreprise. Il y a des médecins dans l'Eglise, pendant que beaucoup trainent des maladies dont ils ne connaissent même pas l'existence, juste par ignorance.

Les chrétiens dorment sur leurs dons. Ils pensent que le don est pour eux seuls. C'est bien l'une des raisons de notre manque de richesse. **Dans le royaume rien ne vous appartient, même votre talent n'est pas à vous**. Les frères doivent apprendre à mettre leurs dons les uns au service des autres.

Des valeurs que les chrétiens pourront mieux comprendre si et seulement s'ils sont enseignés par la parole, sur les principes du Royaume.

Enfin, le but n'est pas de rester entre les quatre murs de l'Eglise mais d'aller chercher la brebis égarée du troupeau.

Que les disciples se multiplient. C'est la volonté fondamentale de Dieu pour étendre l'influence de Son Royaume sur terre.

LE SEIGNEUR ATTEND BEAUCOUP DE NOUS

Apres avoir lu ce livre,

Dites-nous quelles sont les domaines où vous sentez que vous devez opérer un ou plusieurs changements.

Quelles sont les décisions que vous prenez maintenant ?

Etes-vous chrétien ou disciple ?

Voulez-vous devenir disciple du Seigneur Jésus?

Avez-vous un sujet de prière de changement et de transformation que vous voulez partager avec nous ?

Avez-vous des recommandations à nous faire ?

Connaissez-vous quelqu'un à qui vous pouvez recommander ce livre ?

SEDE L. Donatien, linguiste de formation (Allemand et Coréen), Master en études coréennes. Formateur en développement personnel et coaching parental.

Vous pouvez nous joindre par whatsapp au +8210-5662-1848 ou par email à l'adresse sedelouis@naver.com, si vous avez des questions, des suggestions ou si voulez comprendre davantage comment étendre le royaume.

Restez béni(e)s.

Printed by Books on Demand GmbH, Norderstedt / Germany